◎ 中国金融投资管理智库丛书

U0749691

民间借贷利率动态特征及决定机制：
温州案例

李义超　张小燕　高　雅　著

PRIVATE LENDING
INTEREST RATES
DYNAMIC CHARACTERISTICS AND THEIR
DECISION MECHANISM:
WENZHOU CASE

揭示民间借贷市场内在规律,合理引导民间借贷市场行为

推进中国利率市场化进程

浙江工商大学出版社
ZHEJIANG GONGSHANG UNIVERSITY PRESS

图书在版编目（CIP）数据

民间借贷利率动态特征及决定机制：温州案例／李义超，张小燕，高雅著. — 杭州：浙江工商大学出版社，2018.8

ISBN 978-7-5178-2531-9

Ⅰ．①民… Ⅱ．①李… ②张… ③高… Ⅲ．①民间借贷－利率－研究－温州 Ⅳ．① F832.755.3

中国版本图书馆 CIP 数据核字 (2017) 第 303937 号

民间借贷利率动态特征及决定机制：温州案例

李义超　张小燕　高　雅　著

策划编辑	郑　建	
责任编辑	唐慧慧　谭娟娟	
封面设计	林朦朦	
责任印制	包建辉	
出版发行	浙江工商大学出版社	
	（杭州市教工路 198 号　邮政编码 310012）	
	（E-mail: zjgsupress@163.com）	
	（网址：http://www.zjgsupress.com）	
	电话：0571-88904980，88831806（传真）	
印　　刷	虎彩印艺股份有限公司	
开　　本	710mm×1000mm　1/16	
印　　张	10.25	
字　　数	152 千	
版 印 次	2018 年 8 月第 1 版　2018 年 8 月第 1 次印刷	
书　　号	ISBN 978-7-5178-2531-9	
定　　价	39.00 元	

本书的出版得到以下项目的资助：

· 浙江省自然科学基金项目"民间借贷利率动态特征及决定机制：温州案例"（LY13G030017）

· 浙江省哲学社会科学规划项目"民间借贷利率决定机制与动态特征：温州案例"（11JCYJ08YB）

· 教育部人文社会科学重点研究基地浙江工商大学现代商贸研究中心重点项目"民间借贷利率形成机制及其阳光化的路径选择"（12JDSM06Z）

　　利率是金融市场的核心因素，而民间借贷利率是反映民间
融资市场的资金供求关系和资金价格的关键指标，对民间金融
功能的发挥起着关键作用。因此，研究民间借贷利率决定机制
及动态特征对于揭示民间借贷市场的内在规律，合理引导民间
借贷市场行为，实现民间借贷市场的规范化发展，推动民间资
金更好地服务我国实体经济发展，加速我国金融市场化进程，
维护区域金融稳定，在防范系统性金融风险前提下推进我国利
率市场化进程都具有重要的意义。

　　本书核心内容由相对独立的三篇构成，即基于不完全合约
的民间借贷利率决定机制、民间借贷利率期限结构、宏观因素
对温州民间借贷利率影响。

　　"基于不完全合约的民间借贷利率决定机制"研究从众多
中小民营企业主"跑路"的现实情况出发，在不完全合约框架
下构建了一个信贷博弈模型，以 NASH 议价解析了正规金融市
场行为、项目收益、贷款紧急程度、借款期限、借款者经营能
力等变量对民间借贷利率的影响机制，得到民间借贷利率决定
的一般性结论：正规金融市场利率、借款人项目收益与民间借
贷利率依借款人议价能力呈非单向变动关系；贷款占比与民间
借贷利率依利率水平呈非单向变动关系；贷款期限、贷款紧急

程度、放贷人交易成本与民间借贷利率成正比；借款人经营能力、借款人交易成本与民间借贷利率成反比。研究发现，温州民间借贷市场存在两种不同的资金需求者，将资金投入生产经营渠道的中小企业与将资金用于非生产经营渠道的投机者。前者议价能力较强，具有在正规金融市场与民间借贷市场之间进行选择的权利；而后者议价能力较弱，只能被动接受民间借贷市场的高利率要求。

"民间借贷利率期限结构研究"发现，温州民间借贷利率期限结构呈现 U 型、短期利率倒挂、利率分布存在明显的右偏和尖峰厚尾的特点。借贷期限在 1 个月以内的民间借贷利率序列具有均值回复性，条件异方差性和水平效应不显著，其波动特征可通过 CKLS 基本模型进行刻画。借贷期限在 1—6 个月的民间借贷利率序列存在条件异方差和水平效应，均值回复性和外部信息冲击效应均不显著，而嵌入非线性漂移因子和 GARCH 过程的 CKLS 扩展模型能更好地刻画其动态特征。借贷期限在 6—12 个月的民间借贷利率序列具有条件异方差性，水平效应十分显著，均值回复性和外部信息冲击效应均不显著，且 CKLS 基本模型能更好地拟合样本数据。借贷期限在 1 年以上的民间借贷利率序列水平效应显著，条件异方差性、均值回复性以及外部信息冲击效应均不显著，且传统的 CKLS 模型能较好地拟合样本数据。GARCH（1，1）模型参数估计值存在的情况，在拟合民间借贷利率上表现不稳定。

"宏观因素对温州民间借贷利率影响"表明，货币政策、正规金融信贷政策、温州当地经济情况（消费价格指数、房地产价格指数）对温州民间借贷利率有着不同的影响。脉冲响应分析显示：存款准备金率、消费价格指数对民间借贷利率产生正向作用，且作用的时间均持续 6 个月左右；金融机构贷款余额增量增长率和房地产价格指数对民间借贷利率产生负向冲击，但是冲击持续时间很短暂，且影响比较微弱。方差分解结果显示：各个宏观经济对温州民间借贷利率走势均有短期影响，但影响程度不大。民间借贷利率的波动由宏观经济的"推力"作用与民间金融微观机理的"拉力"作用合成，而其中微观机理的拉力起主导作用。

本书得以付梓离不开杭州银行的张小燕女士、中国人民银行聊城中心支行的高雅女士的贡献，她们的潜心研究成果构成了本书的核心内容。富德生命人寿保险浙江分公司的宣岚岚女士以及我的研究生孙琦琦、徐婷、肖鹏、谢治华、牧伟、倪亦奇、虞诗迪同学也为本书的出版贡献了自己的智慧、付出了辛劳。在此一并表示感谢。

特别感谢温州大学金融研究院教授潘彬与程仲鸣，他们为课题研究提供了大量数据，他们的无私帮助为本书增色不少。特别感谢浙江工商大学出版社鲍观明社长、郑建副总编辑以及唐慧慧、谭娟娟责任编辑，正是他们有效的组织协调使得本书得以及时出版面世。

最后的谢意留给浙江工商大学金融学院院长钱水土。正是钱院长的积极牵线搭桥，才使得我们与温州大学金融研究院建立合作关系，才使得我们的研究有着翔实的数据支撑。

李义超

2017 年 12 月于浙江工商大学下沙校区

目录
Content

参考文献

附　录

绪　论

第一节　研究背景与意义

（一）选题背景

改革开放以来，随着中国市场经济改革的不断深入，中国经济发展步入快车道，金融体制的改革却相对滞后，使得中国金融越来越难以支持中国经济的高速发展，突出体现在其不能满足蓬勃发展的民营经济巨大的资金缺口（通常又称为"麦克米伦"缺口）上。相关研究显示，改革开放以来，我国60%以上的GDP由非国有经济贡献，而四大国有商业银行72%以上的贷款都贷给了国有企业，使得非国有企业，尤其是中小民营企业很难得到贷款（林毅夫，2003）。为满足自身生存发展需求，绝大多数中小民营企业转而向体制外金融市场寻求获取资金机会。因此，在民营企业较多的区域往往民间借贷盛行，进而导致了我国目前的二元金融结构现象。民间借贷形式灵活、操作简便、没有严格的担保要求，同时在贷款利率和贷款期限方面具有很大的灵活性。这些特点对那些具有迫切融资需求却被正规金融机构拒之门外的中小民营企业而言具有极大的吸引力。民间借贷的日趋活跃拓展了中小民营企业的生存空间，尤其在民营经济发达地区，民间金融是中小企业成长和民营经济发展壮大的强力引擎，不仅为中小民营企业的发展壮大提供了有力的金融支撑，而且为产业结构调整、城乡市场繁荣、社会充分就业提供了金融动力，进而有效地促进了中国经济的平稳快速发展。

但是，在民间借贷的发展过程中，其自身缺乏透明度及规范性的不足也对区域经济发展造成了令人无法忽视的负面影响：一是民间借贷为非法集资提供了便利。作为非正规金融部门，民间借贷难以被监管部门有效监控，因而其借贷活动常常缺乏规范性。这种隐蔽性为一些不法分子从事非法活动提供了便利，因此隐藏着较大的金融风险。二是民间借贷利率较高且波动较大。高利率借贷现象充斥民间借贷市场，而过高的利率使借款人不堪重负，影响企业正常的生产经营活动，甚至迫使其从事非法经济活动，危害社会稳定。其运作中存在的诸多隐患极易引发民间金融危机，并波及正规金融市场，以致影响整个社会经济的健康发展。为此，民间借贷活动通常被认为是非法的，受到监管当局的严格监控，屡遭治理整顿。然而，民间借贷活动在轮番整治中日趋活跃。这既说明现阶段不少经济主体对民间借贷仍有迫切需求，也说明其存在具有一定的内在合理性，一味地打击乃至取缔只会使其以更隐蔽的地下信用形式存在，并积聚更高的金融经济风险。近年来，互联网金融（特别是P2P）的兴衰以及FinTech的发展从一个侧面印证了"按下葫芦浮起瓢"的金融监管悖论。因此许多专家学者认为应尽快让民间借贷浮出水面，实现民间资本的阳光化、合法化和规范化，使其更好地服务于经济社会的需要，这才是民间借贷问题的解决之道。

近年来，民间金融规模的日益增大，其相伴而生的问题也日渐显现，并受到越来越多的关注。2011年4月，以浙江省温州市为代表的民间借贷活跃地区开始出现部分中小企业主因企业资金链断裂而出走的现象，其重要原因之一在于民间借贷利率的持续高企，使得较多中小企业不堪重负，严重的则导致企业无法持续生产经营以致破产，企业主为躲避高额负债而选择转移剩余资金并出逃境外，甚至走上"不归路"，造成了较大的负面社会影响，扰乱了正常的社会经济秩序。为此，国务院于 2012 年 2 月 28 日决定设立温州金融改革试验区，并提出温州金融综合改革的十二条任务，旨在切实解决温州经济发展中存在的突出问题，引导民间融资规范发展，提升金融服务实体经济的能力。温州金融改革试验不仅对温州经济的健康发展至关重要，而且对全国的金融改革和经济发展具有重要的探索意义。

（二）提出问题

在金融市场上，资金供求双方进行交易的基础是利率。民间金融利率是民间金融市场运作的动力机制和核心问题，也是民间资金供求双方联系的纽带。利率对民间金融功能的发挥起着关键作用，利率的水平决定了民间金融的经济绩效。利率水平的高低、利率区间是否合理、利率与借贷风险的相关性等，都是影响民间金融市场健康、有序发展的重要因素（叶茜茜，2011）。

早在 2003 年中国人民银行温州市中心支行就开始对民间借贷利率进行监测，2010 年又对监测工作进行改进，构建分层监测体系。这种分层监测体系包括农村信用社、小额贷款公司及担保公司对不同贷款对象实施融资监测。通过安排基层中小型金融机构向企业、个体户及个人等发送检测问卷，获得民间借贷监测利率数据[①]。温州金融改革试验区获得批准之后，民间借贷利率监测体系得以进一步完善。根据温州指数网站的公开信息，目前温州地区民间借贷利率检测体系共设置监测点近

---

① 民间借贷监测利率数据由基层中小型金融机构以监测问卷的方式通过向企业、个体户及个人等采集而得。监测问卷明确区分了 1 个月内（含）、1—6 个月（含）、6—12 个月（含）和 1 年以上等 4 个不同期限，从多个角度对每一笔借贷行为进行利率数据采集和定性判断，分不同对象按月统计。采集过程中，一般对每个被监测对象配备固定编号实行无记名问卷，保证了数据相对可靠。

400个，涉及小额信贷公司、民间资本管理公司、民间借贷服务中心、农村资金互助会、部分实体企业、部分民间借贷委托监测点、典当行、担保公司等类别，平均每天监测采集样本300个左右，每周采集样本1500个左右。

通过对这些数据进行综合分析，我们发现，与银行贷款的利率期限结构不同（银行利率通常与期限成正相关，期限越长利率越高），民间借贷利率的期限结构呈现U型特征。具体而言，借贷期限在1年以内的短期利率中期限较长的利率低于期限短的利率，而1年以上的利率期限结构是上倾的。民间借贷利率这种倒挂的期限结构在我们的样本期内多次出现，说明在民间借贷市场上利率期限结构倒挂现象普遍存在。

面对民间借贷利率倒挂异象，我们不禁要问：民间借贷利率形成的微观机制是什么？影响民间借贷利率的宏观因素有哪些？民间借贷利率波动本身具有怎样的动态特征？这正是本书试图回答的关键问题。

（三）研究意义

聚焦民间借贷利率，研究决定其水平的微观机制，分析影响其波动的宏观因素，考察其期限结构的动态特征，不仅具有重要的现实意义，而且具有重要的理论价值。

就理论价值而言，民间借贷市场是一个原生态的金融市场。由于监管的缺位，民间借贷市场主体的借贷行为直接反映了借贷利率决定的原始动力。从这一原生态市场入手，研究民间借贷利率决定的微观机制，有助于发现、完善利率决定的深层原因，从理论层面发展利率决定相关理论。

虽然民间借贷利率并非市场主流利率，但是，作为市场利率的重要组成部分，其与经济运行有着千丝万缕的互动关系。从宏观层面探讨经济运行、货币政策等因素对民间借贷利率的影响，有助于深刻认识民间金融与正规金融二元金融结构的内在逻辑。

利率期限结构不仅是宏观经济发展的晴雨表，也是微观经济活动的根基和动力。准确地把握未来利率的变动趋势，是利率衍生产品交易策略的制定、机构投资者和私人理财进行利率风险控制和资产负债管理的基础和出发点（吴泽福，2006）。作为一种市场化的利率，民间借贷利率的动态特征一般由动态的利率期限结构模型来刻画。有关利率的动态特征方面的研究，国内文献大多集中于全国银行间同业市场拆借利率、全国银行间回购利率和推出不久的 SHIBOR，而针对民间金融利率的研究大多限于民间金融利率的形成机制、民间金融高利率的原因及其定价机制、民间金融存在意义及其局限性、民间金融改革的政策取向等，针对民间借贷利率的动态特征鲜有研究。利用现代计量分析工具，研究民间借贷利率的动态特征，不仅可以填补我国相关研究的空白，而且可以揭示民间借贷利率的演进路径与内在动力，丰富世界利率动态特征的理论内涵。

就现实意义而言，温州是我国民间借贷市场的典型样本，以温州这个活体标本为对象，揭示民间借贷利率微观决定机制，分析宏观因素对民间借贷利率的影响，考察民间借贷利率的动态特征，通过解剖麻雀可以窥斑见豹，打开不仅遍布我国大江南北，而且广泛分布世界各地的民间借贷"灰箱"，有助于更加准确地了解其波动规律，把握民间利率变化趋势，从而为完善民间借贷市场的相关理论提供实证支持，为监管部门制定相关政策措施提供完整依据，进而寻求我国乃至世界民间借贷市场的理性发展奠定坚实的基础。

第二节　研究思路与研究方法

一、研究思路

看似简单的民间借贷行为，其背后隐含着深厚的经济、金融原理。揭开民间借贷的面纱，必须全方位、多视角地对民间借贷进行深度剖析。本书聚焦民间借贷利率，首先，在基于不完全契约理论对民间借贷利率的微观机制进行分析的基础上；其次，运用实证分析方法，检验民间借贷利率的动态特征；最后，立足宏观视角，分析货币政策、区域经济、正规金融市场利率等因素对民间借贷利率的影响。

二、逻辑框架

本书由三篇共九章构成。在简要阐述研究背景与选题意义的基础上，本书从民间借贷利率决定的微观机制、动态特征、宏观因素等不同视角，分三篇深入剖析了民间借贷利率决定的深层原因，刻画了民间借贷利率波动的动态特征。最后，基于理论分析与实证研究结论，提出了规范民间借贷行为、优化民间借贷利率决定机制、促进民间借贷市场健康发展的政策建议。基于上述逻辑框架，全书各章安排如下。

绪论，主要介绍选题背景与研究意义、研究思路与研究方法，总览全书的基本架构。

第一章，利率理论：民间借贷利率决定的基石。利率是金融市场的核心概念，前人已经对利率理论进行了长期探索研究。研究民间借贷利率的决定机制必须站在前人的肩膀上才能看得更远、分析得更深入。

第二章，民间借贷市场结构及其利率分析。以温州为例介绍了民间借贷行为主体、规模、形式，以及民间借贷利率特征及其影响因素。区分正规金融市场行为与民间借贷市场微观主体行为对民间借贷市场利率的影响。

第三章，民间借贷利率决定机制。在温州民间借贷利率的分析基础上提出民间借贷利率形成机制的一般性假设。在不完全合约框架下构建了一个信贷博弈模型，在验证相关假设的同时分析了正规金融市场行为、项目收益、贷款紧急程度、借款期限、借款者经营能力等变量对民间借贷利率的影响机制。

第四章，利率期限结构：理论、模型与文献。从利率期限结构理论与模型两个方面对国内外相关研究成果进行回顾，为我们的实证研究提供了理论基础。在利率期限结构理论中主要介绍了纯预期理论、流动性偏好理论、市场分割理论和优先偏好理论；在动态模型中，主要介绍了单因子扩散模型，对其进行系统的归纳和整理，为我们构建的实证模型提供基本的理论依据。

第五章，民间借贷利率期限结构特征分析。从定性的角度对民间借贷利率的动态特征进行分析。首先，通过分析利率统计指标和趋势图，指出民间借贷利率及其期限结构中存在的异常现象。其次，结合温州民间借贷市场的特殊性，结合第六章介绍的几种利率期限结构理论，分析出现上述三类现象的原因。

第六章，民间借贷利率动态特征实证分析。从定量的角度对民间借贷利率的特征进行分析。首先，对利率序列进行平稳性检验，证明温州民间借贷利率不平稳，而差分序列平稳，验证了预期理论在民间借贷利率期限结构中是有可能成立的。其次，根据 ARCH 效应检验，在单因子扩散模型 CKLS 模型的基础上，嵌入非线性漂移项和 GARCH 过程，构建扩展的 CKLS 模型。最后通过参数估计，对各期限民间借贷利率的均值回复性、水平效应、非线性漂移特征和条件异方差性以及模型拟合情况进行说明。

第七章，影响温州民间借贷利率的宏观因素。在全面回顾温州民间借贷市场发展历程的基础上，借鉴相关研究成果，系统地分析了货币政策、正规金融利率以及温州地方经济（特别是 CPI）对温州民间借贷利率的影响机制，为后文的实证检验进行逻辑及理论准备。

第八章，宏观因素对温州民间借贷利率影响的实证分析。为了实证检验宏观因素对温州民间借贷利率的影响，本章构建了包括温州民间借贷利率、存款准备金率、贷款余额增长率、温州地区 CPI、温州房价指数等变量的向量自回归（VAR）模型。脉冲响应分析与方差分析表明，存款准备金率对温州民间借贷利率的影响显著；金融机构的信贷投放对民间借贷利率尽管有冲击力，但是影响很小；温州的资本外流和民间资本从事投机活动较多，这与政府未正确引导当地产业升级有关。

第九章，推动民间借贷利率回归理性的政策建议。

全书的逻辑架构可概括为下图1。

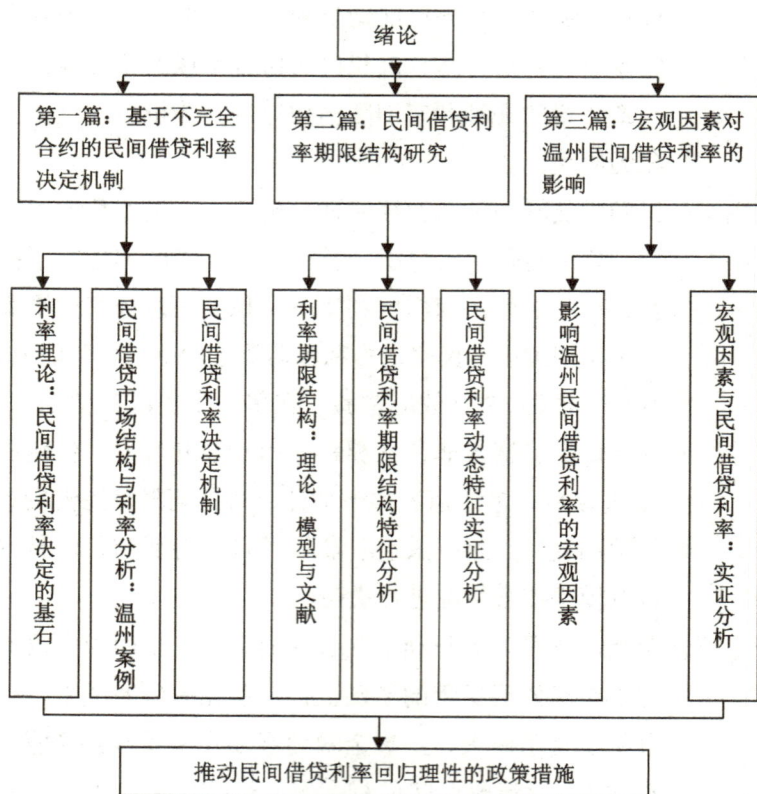

图1 本书逻辑架构图

二、研究方法

研究过程中，本书在借鉴前人研究成果的基础上，运用经济学、金融学原理与方法，对民间借贷利率决定机制、动态特征及其宏观因素进行了深入分析。本书以实证分析结合规范分析，以定量分析结合定性分析，利用温州民间借贷监测数据分析民间借贷利率决定问题。我们在对温州民间借贷市场的发展历程进行客观描述的基础上，建立了相应的数学模型，对民间借贷利率的形成过程中进行了严谨的数理分析与实证检验，使民间借贷利率决定机制与动态特征更加直观、精确，也更加条理化、逻辑化和明了化地展现在读者面前。本书涉及的主要具体研究方法如下：

基于不完全合约的 NASH 均衡研究方法。在考察正规金融市场行为、民间借贷市场微观主体行为与民间借贷利率之间的联动机制的基础上，提出了民间借贷利率及其影响因素的一般性假说。尔后，从众多中小民营企业主"跑路"的现实情况出发，在不完全合约框架下构建了一个民间借贷博弈模型，以 NASH 均衡议价解析了正规金融市场行为、项目收益、贷款紧急程度、借款期限、借款者经营能力等变量对民间借贷利率的影响机制。

嵌入 GARCH 模型的 CKLS 模型实证研究。Chan, Karolyi, Longstaff, et al.（1992）提出一个描述短期利率动态变化的一般的随机微分方程（简称为 CKLS 模型），为众多不同的利率期限结构模型建立了一个共同框架。根据 CKLS 模型的观点，利率总是在对其偏离长期均值的过程进行修正（γ 表示修正的速度），而随机波动则不断对这种修正作用进行干扰。利率变动就是在这两种作用的共同推动下进行的。但是，要刻画民间借贷利率复杂的动态特征如非线性漂移、波动群聚现象、利率变动的非正态性、尖峰厚尾等特征还得在 CKLS 模型基础上进行拓展，以构建扩展更为复杂的多因素模型。本书在基于 CKLS 模型对民间借贷利率参数估计的初步结果，引入 GARCH 模型，显著地提高单因子扩散模型的拟合效果。

向量自回归（VAR）分析。我们在对存款准备金率、贷款余额增速、温州当地 CPI 及其房价指数等影响民间借贷利率的宏观因素进行定性分析的基础上，构建向量自回归模型，通过脉冲响应分析和方差分析，定量地考察了上述因素对民间借贷利率的影响，为相关政策的制定提供了可靠的经验支撑。

第一篇
基于不完全合约的民间借贷利率决定机制

　　利率是金融市场的核心因素，而民间借贷利率是反映民间融资市场的资金供求关系和资金价格的关键指标，对民间金融功能的发挥起着关键作用。因此，民间借贷利率的决定机制及动态特征对民间金融的经济绩效具有重要影响。另外，民间借贷利率由民间借贷市场中的资金供求双方直接议价决定。在某种意义上，民间借贷利率比较贴近真实的市场利率，因此，我国利率市场化改革必须要正视民间借贷利率，相关机构也需适当引导民间借贷利率定价合理化，这对于实现民间借贷市场的规范化发展，推动民间资金更好地服务于我国社会经济发展，以及在维护金融稳定的前提下推进我国利率市场化进程都具有重要的意义。

　　因此，以温州民间借贷利率数据为依据，本书考察了正规金融市场行为与温州民间借贷利率之间的联动机制，以及温州民间借贷市场微观主体行为对民间借贷利率的影响。在此基础上提出了民间借贷利率及其影响因素的一般性假说。尔后，从众多中小民营企业主"跑路"的现实情况出发，在不完全合约框架下构建了一个民间借贷博弈模型，以 NASH 均衡议价解析了正规金融市场行为、项目收益、贷款紧急程度、借款期限、借款者经营能力等变量对民间借贷利率的影响机制。本书得出了民间借贷利率决定的一般性结论：正规金融市场利率、借款人项目收益与民间借贷利率呈非单调变动关系，具体视借款人议价能力而定；贷款占比与民间借贷利率呈非单调变动关系，具体视利率水平而定；贷款期限、贷款紧急程度、放贷人交易成本与民间借贷利率成正比，借款人经营能力、借款人交易成本与民间借贷利率成反比。

利用以上结论验证假说准确性的过程中，我们发现：温州民间借贷市场存在两种不同的资金需求者，分别为将资金投入生产经营渠道的中小企业与将资金用于非生产经营渠道的投机者。前者议价能力较强，具有在正规金融市场与民间借贷市场之间进行选择的权利；而后者议价能力较弱，只能被动接受民间借贷市场的高利率要求。

第一章
民间借贷利率决定的
理论基础与文献回顾

第一节　民间借贷利率决定的理论基础

研究民间借贷利率的决定问题，首先应对其理论基础加以探讨。对经典利率理论的分析，既是全文展开论述的基础，也是我们对民间借贷利率决定机制分析的重要依据。

一、古典利率理论

古典利率理论，又称为实物利率理论，是指从 19 世纪末到 20 世纪 30 年代的西方利率理论。古典利率理论强调非货币的实际因素在利率决定中的作用，认为利率由储蓄与投资决定。储蓄和投资都是利率的函数，利率的功能仅在于促使储蓄与投资达到均衡。储蓄由时间偏好等因素决定，投资由边际生产率等因素决定，因此利率与货币因素无关，不受任何货币政策的影响，即货币政策是无效的。古典利率理论包括庞巴维克的时差论与迂回生产理论、马歇尔的等待与资本收益说、维克塞尔的自然利率学说和费雪的时间偏好与投资机会说。

二、凯恩斯利率理论

古典利率理论认为，利率具有自动调节经济、使其达到均衡状态的作用。然而 20 世纪 30 年代严重的世界性经济危机的爆发，表明利率的自动调节并不能实现经济运行的均衡。因此这种理论为凯恩斯所否定。凯恩斯利率理论认为利率是纯粹的货币现象。利息是在一定时期内放弃流动性的报酬，而不是古典利率理论认为的储蓄或是节约的报酬；利率取决于货币的供给与需求关系，而不是古典利率理论认为的资本的供给与需求关系。

三、可贷资金理论

20 世纪 30 年代，罗伯特和俄林等人在古典利率理论的基础上提出了可贷资金理论，即新古典利率理论，认为利率不是由储蓄与投资所决定，而是由借贷资金的供给与需求的均衡所决定。可贷资金理论在反对古典利率理论认为利率仅以储蓄和投资分析利率而忽视货币因素对利率影响的同时，也抨击了凯恩斯利率理论仅考虑货币因素而完全否认实际因素对利率决定的影响的观点。在此基础上，可贷资金理论综合了以上两种利率理论，用可贷资金的供给与需求关系来解释利率的决定机制。可贷资金的供给来自储蓄、商业银行的信用创造和央行的货币发行，央行的货币发行属外生变量，储蓄和商业银行的信用创造都与利率同方向变动；可贷资金的需求来自投资和社会资金的窖藏。投资和窖藏与利率同方向变动。可贷资金的供给与需求共同决定利率的均衡水平。

四、马克思的利息理论

马克思认为，资本主义利息是借贷资本的伴随物，而借贷资本的产生是资本主义生产方式发展的必然。利息的本质是职能资本家为了获得货币资本使用权让渡给货币资本家的一部分剩余价值，是资本所有权发生转移产生的剩余价值。

在利息的决定问题方面，马克思认为"借贷资本的供给和借贷资本需求之间的关系，决定着当时市场的利息状况"。利息率的具体数值取决于借贷资本的供给者和需求者之间的竞争，即利息作为货币资本的价格是由资本商品的市场供求状况决定的。"生息资本虽然是和商品绝对不同的范畴，但却变成特种商品。因而利息就变成了它的价格，这种价格，就像普通商品的市场价格一样，任何时候都是由供求决定。"因此，利率水平的决定在于市场竞争。货币资本家和职能资本家把平均利润分割为利息和企业收入。"在这里，一定的分割比率具有偶然性；这就是说，完全要由竞争关系决定。""除了由竞争决定的分割规律之外，没有别的分割规律。"而在资本主义生产的不同阶段，借贷资本的供给和需求是不同的。有时供给量大，而需求较少，导致利息率较低；有时供给较少，而需求量较大，利息率就会较高。另外，马克思认为，在实际利率的决定过程中，习惯和法律传统等也会起到很大的作用。

马克思关于利息的本质及其决定机制的揭示阐明：利息产生于金融市场上的借贷行为，利息的高低取决于借贷双方在市场上的竞争。市场是利息产生的必要条件及形成的基础。因此，市场化是利息的特性之一，利息水平不是由政府干预决定的，而是由市场借贷资金供求决定的，是市场上借贷双方竞争与力量博弈的结果。

通过对经典利率理论的探讨，我们发现各个学派都是从供求关系的角度来解释利率的决定的，不同之处在于他们对供求关系具有不同的解释。我们对于民间借贷市场利率决定的研究，则是通过分析民间借贷市场资金供求双方的博弈过程来实现的。

第二节　民间借贷利率决定文献回顾

目前，已有诸多国内外的学者专家对民间借贷及其利率问题做了广泛的研究。针对本篇研究重点，我们主要对以下几方面内容进行回顾与评析。

一、民间借贷的界定

关于民间借贷的概念，学术界目前尚未有清晰的界定。国外学者Isaksson（2002）将民间借贷描述为发生于官方监管之外的金融活动。Rosemary（2001）认为，民间借贷是游离于正规金融体系之外的，不受国家信用控制和中央银行管制的内生的存款、贷款以及其他金融交易。Kropp（1996）认为，正规金融和民间借贷是同一国家中同时并存、相互割裂的，正规金融处于国家信用和相关金融法律控制下，而民间借贷则在这种控制之外运转，二者利率不同、借款条件不同、目标客户不同。更为重要的是，正规金融市场与民间借贷市场之间存在严重的市场分割，即使存在借贷资金在两个市场之间跨市套利的渠道，这种渠道也是极其狭窄的。

国内学者也从不同角度对民间借贷的概念进行了研究。姜旭朝（1996）认为，民间借贷作为民间金融的主要组织形式，有广义和狭义之分，广义的民间借贷是各种民间金融的总称，狭义的民间借贷指民间个人之间的借贷活动。宋磊（2005）也认为，民间借贷有广义和狭义之分，广义的民间借贷是各种民间金融的总称，泛指不通过官方正式金融机构的一切民间金融活动，通常包括社会集资、居民间的借贷、民间典当业、农村合作基金会等融资活动。狭义的民间借贷是以私人间的借贷为主，同时还包括个人向集体企业和其他资金互助组织的借贷。戴建志（1997）认为，民间借贷是指公民之间不经国家金融行政主管机关批准或许可，依照约定进行资金借贷的一种民事法律行为。在这种行为之中，贷款人将自己所拥有的货币资本借给借款人，借款人在约定期限届满时返还本金并支付相应的利息。康正平（2004）认为，民间借贷是游离于正规金融机构之外的个人与个人、个人与单位、单位与单位间进行的以偿还为条件的资金筹集活动。黄向红（2002）认为，民间借贷是指公民之间与非金融机构的法人，其他组织与公民之间的相互借贷货币、实物和其他财产的行为。李新月（2003）认为，民间借贷是指不通过业已存在的金融机构，而在个人与个人、个人与集团之间进行的一种借贷活动，是一种比较原始的信用形式。

综上所述，民间借贷作为民间金融的一种形式，是民间资本的一种投资渠道。其内涵是指发生在公民之间、公民与法人之间、公民与其他组织之间的一种民事合约，只要双方当事人意思表达真实，即可认定有效的协议借贷行为。

二、民间借贷合约基础

民间借贷依据借贷双方之间签订的非正式合约来完成，为了资金交收的便捷性，同时也由于借贷双方通常具有一定的亲友关系，出于对对方的信任以及碍于面子等因素，借贷双方在合约中通常只对彼此的债权债务关系进行简单的说明。因此，这种非正式合约通常是非常不完备的，在很多情况下不能获得法律的强制性保护，即使获得了法律的保护，由于民间借贷合约的借款者多为财务状况不透明、会计管理不规范的中小企业，致使法院在判决的后期执行中也会遇到各种预想不到的阻力。尽管如此，在现实情况中，民间借贷合约的违约率却往往较低。这与民间借贷合约的不完备性是互相矛盾的。究其原因，则在于契约的私人治理机制的有效性和各种非正式制度的社会约束力。

非正规金融交易注重发挥监督与合约执行能力方面的比较优势。人类学家Geertz（1962）和Ardener（1964）在研究轮流储贷协会时发现，群体惩罚是非正规金融组织有效运作的关键，由性别、血亲关系、种族、地缘、宗教信仰等因素而形成的社会群体是轮流储贷协得以发展的主要基础，人类学文献清楚地阐明了社会性约束的重要性。同理，在储贷协会以外的其他非正规金融形式中，群体性惩罚同样重要。民间借贷行为通常发生在一个较小的区域范围内，这个范围里的个人和企业大部分彼此熟悉或至少有一定程度的了解，一个借款者若在一次借贷行为中发生了违约，关于其个人或企业的信用评价将会下降，那么他将很难再在这个群体里获得资金，这便是一种群体性惩罚。

Stiglitz（1990）根据孟加拉国 Grameen 银行利用非正规群体组织进行的信贷机制创新实践，得出群体贷款（group lending）的有效性取决于连带责任（joint liability）的特征的结论。Varian（1990）通过对代理人可以监督其他代理人时所表现的多重代理问题的分析，指出 Grameen 银行的群体贷款策略是一个非常有意义的激励方案，借款人利用掌握的信息自发地形成一个群体。这是个自选择机制，银行是无法模仿的。自选择机制产生了"人以群分的匹配效应"（positive assortative matching）。Stiglitz（1990）和 Varian（1990）都认为这可以提高监督激励的有效性。

三、民间借贷利率特征

利率是金融市场的关键变量，同样在民间金融市场上，民间借贷利率的特征反映了民间金融市场的基本属性特性。

Aryeetey（1998）在分析非正式金融主要特征时指出，非正规金融的利率一般高于正规金融的利率，且在同一地区非正规金融与正规金融之间的利率之差相对稳定。

温铁军（2001）通过对57起农村民间借贷的调查发现，民间借贷中无息借贷8起，在已知的月息（共44起）中，高于当时一般资金市场利率（1.5%）的占63.6%。在高利贷款中超过4%的月息（即年化单利率为48%，年化复利率为60.1%）占了近25%。显而易见，超高利借贷已经不是个别现象。张胜林等（2002）通过对6个乡镇的调查发现，民间借贷除极少部分参考银行贷款利率外，年利率大都在10%—15%，个别乡镇达到18%。冯梅（2006）对湖北省赤壁市某镇50户居民的民间借贷进行的调查显示，90%的居民有民间借贷行为，未收取利息的占16%，属于高利息贷款的比重为57.80%。可以看出，民间借贷利率呈现出典型的双向分割特征：一方面是亲情支撑下的无息借贷，另一方面是高风险高收益的高息借贷。在不考虑无息借贷的情况下，民间贷款利率普遍高于同期正规金融资金市场利率。

四、民间借贷利率决定机制

对于民间金融高利率的成因，学术界提出了许多解释。Adams et al.（1992）认为，高经营成本、资本短缺、季节性贷款需求和高坏账率是导致高利率的成因。Aryeetey（1996），Rosemary（2001）从借款者交易成本角度解释了民间金融高利率现象，认为民间金融市场上的放款者能根据借款者的个人特征来设计适合具体借款者的借贷合约，大大降低了借款者的交易成本，即使民间金融借贷利率较高，但借款者资金总成本并不会很高，因此借款者愿意支付高于正规金融市场利率水平的利率。Bottomley（1964）区分了决定农村非正规金融利率的四个因素：风险报酬、利息的机会成本、补偿交易成本的报酬及垄断利润。

国内学者则从以下几方面提出了解释：张军（1997）从信贷配给（credit rationing）的角度解释民间金融市场的高利率。他认为，信贷市场上存在信息不对称状况，利率不仅有调节信贷资金的供给和需求的作用，而且作为一种"信号传递"，具有调节借贷风险组合、过滤借贷风险的功能。所以，民间信贷市场上，贷方将面临更严重的对风险的过滤问题与对信贷合约的条款能否有效执行的问题。因此，民间金融高利率水平是贷方对民间金融市场上关于还贷信息的严重不对称分布状态的理性回应。但江曙霞和秦国楼（2000）认为，这种分析无法导出相应的逻辑结果，即如果以民间信贷市场信贷配给现象来解释其利率水平，那么民间信贷市场的利率应当低于不存在信贷配给时的瓦尔拉斯均衡利率水平。这显然与事实不符。他们从贷方成本角度给出了解释，认为非正规金融贷款金额小，无法实现规模经济，从而造成资金供给者自身单位贷款成本提高，为了保证必要的利润率，这种资金成本必然以较高的利率转嫁到资金的需求者身上。刘静和郑震龙（2000）认为，民间金融承担了正规金融所不愿承担的较高风险，其高利率源于对高风险的补偿，这种风险可能源于民间金融未得到官方认可，可能被取缔等制度方面的原因。何田（2002）认为，利率受社会平均利润率、市场竞争和国家政策的影响。

上述文献从多种角度对民间金融高利率现象做出了解释，但又都停留在片面和经验的基础上，没有正式的理论模型来刻画民间金融利率的决定机制。王一鸣和李敏波（2005）提出了一个在不完全竞争框架下的民间金融利率决定的理论模型。他们认为一个地区的民间金融市场是非完全竞争性市场，在这个市场上，民间利率由各自具有一定市场势力的借贷双方议价博弈而确定，并提出用一个谈判系数来刻画非正规金融市场的结构。这样，民间金融市场利率的高低便主要取决于借贷双方谈判能力的大小，而双方谈判能力又受到资金供给量与需求量、借款人的经营能力、信用水平以及贷款紧急程度等诸多因素的影响。

五、文献评析

本节对民间借贷利率的已有研究做了梳理。对民间借贷合约属性的讨论是本篇的重要研究基础。已有研究一致认为非正规金融市场的群体惩罚机制能保证民间借贷合同得到有效执行。然而现实情况并非如此，2011 年 4 月开始出现的众多中小民营企业主"跑路"现象为我们敲响了警钟，原因在于：正规金融市场中的借贷行为双方通过签订规范的正式合同，明确双方的债权债务关系以及债务偿还协调机制。若借款人不能及时归还债务，双方可就债务偿还问题进行相互协商，包括减免利息甚至部分本金，延长债务偿还期限等。若借款人确实不能偿还贷款时，贷款人（通常是银行）通过法律途径对借款人实施以特定资产为限的有限追偿。民间借贷行为通常为信用借款，一旦违约就很可能遭到贷款人的暴力追索，因而事实上扩大了"抵押品"的范围，类似于一种无限责任借款。而民间借贷市场缺乏正规金融市场那样的债务偿还协调机制，借款人必须接受这种不合理的债务追索方式。此时，基于个人利益最大化的考虑，转移剩余资金将是借款人的最优选择，单次博弈选择使得群体惩罚机制[1] 失效。

---

[1] Geertz(1962) 和 Ardener et al. (1964) 认为，群体惩罚是非正规金融组织有效运作的关键。

在民间借贷利率特征与决定机制方面，已有研究多为基于问卷调查的定性研究，较为深入的仅有王一鸣与李敏波的 NASH 议价模型以及程昆的改进模型。王一鸣、程昆的模型较好地刻画了民间借贷利率的决定机制，其结论也能较好地拟合客观现实。但是该模型建立在标准债务合约假设之上，认为合约的执行没有问题。然而，近来频繁出现的民营企业家"跑路"现象，让我们对其假设的合理性及其结论的可靠性与适用性产生质疑。一方面，模型假设借贷合同仅仅限于有限责任，即仅用贷款项目的收益偿还贷款本息。在这种情况下，如果借款者投资项目产生的实际收益未达到偿还放贷本息之和，甚至远低于贷款本金，放贷者也只能获得项目实际收益，而不能对项目资产进行干预。然而，民间借贷的现实情况是，若放贷者获得的回报小于其能容忍的下限（贷款本息和），他们往往会采取一切手段（包括合法的和不合法的）以弥补其损失。另一方面，模型假设合同实施无问题，即借款人一定会用贷款项目的收益来偿还贷款的本息。而事实是，借款人获得项目收益后不一定会用来偿还放贷者的本金，即借款人有可能转移项目收益，而放贷者和公正的第三方并不能观测到项目收益的具体情况，即贷款合约是不完全合约。因此，考虑借款者转移资产的可能性（如"跑路"行为）与放贷人暴力追索的可能性是进一步研究民间借贷利率决定机制的方向。

第二章
民间借贷市场结构与
利率分析：以温州为例

　　2003 年，中国人民银行温州市中心支行率先设立了民间借贷利率监测点，温州成为我国最早建立民间借贷利率监测制度的城市。为此，中国人民银行温州市中心支行专门制定了《温州市民间借贷利率监测制度》，对监测职责、范围、方式等做了规定。2010 年中国人民银行温州市中心支行又对监测工作进行改进，构建分层监测体系。一是以农信社网点为基础采集监测样本，其数据代表农村社会主体之间生产和消费的借贷利率；二是对小额贷款公司贷款监测，数据代表初创企业及个体工商户资金周转的借贷利率；三是对以担保公司为代表的融资性中介机构短期垫资监测，数据代表民间融资市场的借贷利率。

　　温州是唯一设立民间借贷利率系统监测点的地区，同时也是我国最早实行利率浮动改革的试点之一。温州的民间金融市场在民营经济的成长过程中形成和发展，从早期的原始个人借贷形式发展成规模化、组织化、市场化的金融组织和活动，不断创造出新型的融资工具和方式，形成了真正反映资金稀缺程度的民间金融市场。因此，本章根据温州市民间借贷利率监测问卷汇总表（见附录一），以温州为例对我国的民间借贷市场及其利率进行分析。

第一节　民间借贷市场主体

探讨民间借贷利率决定机制，以及对温州民间借贷现状的分析，都需要我们对温州民间借贷市场的参与主体进行研究。按参与方式进行分类，民间借贷市场的参与主体分为需求主体和供给主体，需求主体与供给主体之间形式丰富的借贷活动构成了活跃的温州民间借贷市场。

一、需求主体

改革开放以后，温州民营经济如雨后春笋，迅速发展壮大。从最初微不足道，到成为国民经济的重要补充，并快速崛起成为国民经济的生力军。民营经济作为温州经济最大的特色，已然成为推动温州生产力发展的重要力量。然而对于推动温州经济快速发展的中小民营企业，正规金融市场并没有为其发展壮大提供充分的金融支持。根据世界银行2000 年发布的《世界商业环境调查报告》，只有 10.7% 的中国中小企业认为自己没有遭遇过融资障碍，却有 69.3% 的中小企业认为存在严重的融资障碍，而小微企业的这一数值则达到了 75.6%[①]。这些数值高出周边国家很多，表明中国存在非常严重的中小企业融资困境。一方面，温州是我国民营经济最为发达的地区之一，也是中小企业的集聚之地。当地小微乃至中小企业存在巨大资金缺口，他们是民间借贷市场最大的需求主体。另一方面，居民个人作为微观经济活动的主体，在日益发展的社会经济环境中，出于求学、嫁娶、买房买车及农民生产生活需要等原因也存在一定的资金借贷需求。

综上所述，中小企业群体和居民个人构成了温州民间借贷的需求主

① 资料来源：《世界商业环境调查报告》，世界银行，2000 年。

体；同时，他们也是温州民间借贷存在的主要原因。

二、供给主体

温州经济是"企业以民营为主，资金以民资为主，市场以民办为主"的老百姓经济。改革开放以后，温州民营经济以"户户办工厂，家家无闲人"的方式迅速发展。1983年农村联户、家庭工业和村办工业产值达10.58亿元，比1978年增加8倍多，民营经济成为温州经济的一大支柱。随着温州经济的不断发展，这种发展模式使得温州出现了藏富于民的社会状态。

居民不断积累个人财富之后，为实现财富保值增值的目的而纷纷投身民间借贷市场，作为民间借贷资金的供给者。居民个人一般以两种形式参与民间放贷市场：一是以个人身份直接进行放贷，对象一般是亲戚、朋友或是具有一定社会关系的个人和企业；二是向各类型民间借贷中介机构贷放货币资金。原因在于居民个人通过这种形式所获得的资金收益通常高于正规金融机构储蓄所获得的收益。

另外，在"让一部分人先富起来"经济方针中获得先发优势的一部分中小民营企业在经过十几年乃至几十年的发展之后，已经积累了相当巨大的财富，在生产经营资金尚有盈余的情况下，企业通常选择将资金投放于民间借贷市场以获取有可能高于实业投资的回报。同样拥有富余资金的企业也以两种形式参与民间借贷市场：一是直接将资金出借给具有一定社会经济关系的企业和个人，一般为生产流程中的上下游企业或与企业存在产销关系的单位和个人；二是通过中介机构进行资金的贷放活动。

综上所述，直接将闲置资金贷放给具有一定生产生活关系的社会个体的企业和个人，以及各类型的民间借贷中介机构构成了民间借贷市场的资金供给主体。这同样也是民间借贷市场得以存在的重要原因。

温州民间借贷监测汇总的民间借贷关系主要有五种：个人贷给个人、个人贷给企业、企业贷给个人、企业贷给企业以及其他。其中，在数量上，个人贷给个人的最多，占比达到70%以上；其次是个人贷给企业，占25%左右；而在金额上，两者相差无几。民间借贷市场上的企业主要是小微、中小企业，企业主经常以个人名义借款投入生产经营渠道。因此，在个人贷给个人的资金中有相当一部分用于企业生产经营。

第二节　民间借贷规模与形式

伴随着温州民营经济的蓬勃发展，当地企业和个人财富不断积累，而正规金融通常不能满足他们的投融资需求。因此，拥有大量闲散资金的企业和个人纷纷参与到民间借贷市场中来，产业资本开始不断向金融资本转化。2010 年 4 月中国人民银行温州市中心支行做了一个关于温州民间借贷的调查，结果显示民间借贷是温州民间融资、投资的主要渠道，其容量达到了 560 亿元。在被调查的样本中，有 89% 的家庭个人和 56.67% 的企业参与了民间借贷。中国人民银行温州市中心支行于 2011 年 7 月发布的《温州民间借贷市场报告》则显示，当前温州市民间借贷市场规模约 1100 亿元，大约 89% 的家庭个人和 59% 的企业参与了民间借贷。[1]

从改革开放以来至 2009 年，温州民间借贷规模总体上维持了一种平稳增长的态势，民间借贷规模在不断地扩大，2003 年年末温州民间借贷总规模为 380 亿元左右，2009 年年末增加到 750 亿元（中国人民银行温州市中心支行课题组，2011）。近年来由于宏观经济因素等原因，温州民间借贷规模迅速扩大，至 2011 年 7 月达到了 1100 亿元。而后随着民间借贷危机的爆发，温州民间信用环境恶化，民间借贷规模快速降低。监管部门抽样调查显示，当前温州民间借贷规模比去年 8 月份缩水 30% 左右，其中个人借给个人及个人借给企业的融资规模缩水均在 50% 以上[2]。

通过对温州市民间借贷利率监测问卷汇总表（见附录一）的分析，我们发现温州民间借贷还存在以下特点。

在借贷方式方面，虽然存在抵押、担保、质押等多种借贷方式，但民间借贷绝大多数是信用贷款，占到 90% 以上。民间金融市场中的借贷

---

① 《温州民间借贷市场报告》，中国人民银行温州市中心支行，2011 年。
② 数据来源于新华网，http://jjckb.xinhuanet.com/2012-05/14/content_374992.htm。

双方通常存在亲缘关系，信息非对称程度相对不那么严重。因此，贷方常在没有抵押、没有担保的情况下就将资金贷出去。虽然这种民间信用贷款风险较高，但是，这也正是这种高风险吸引了民间借贷市场主体前赴后继、积极参与民间借贷的主要原因之一。

近年来，温州民间借贷市场在借贷形式与借贷主体方面呈现出多样化发展的新趋势。温州民间借贷的形式较多，主要有直接借贷，集资，银背，合会，担保、投资公司类共 5 种。借贷主体则由过去的街坊邻里自有资金的相互调剂，转变为个体、私营业主、城乡居民等多种借贷主体。一些借贷主体开始借助典当行、担保公司、投资公司等各种合法的组织形式走向公开或半公开参与民间借贷。

在借贷资金用途上，主要有 4 种：生产经营、家用消费、投资和其他。其中生产经营用途占到 80% 左右，反映出中小企业融资需求是民间借贷存在的主要原因。

另外，通过到期未还款金额项的分析（如图 2-1），我们发现，监测到的温州民间借贷市场到期未还款金额（不良民间借贷）在 2010 年上半年以前维持在较低的水平，而在 2010 年下半年开始突然攀升，并在 2011 年 7 月份达到最高的 5313 万元。这与 2011 年 4 月份以来温州出现的中小民营企业老板"跑路潮"、中小企业"倒闭潮"现象相符。

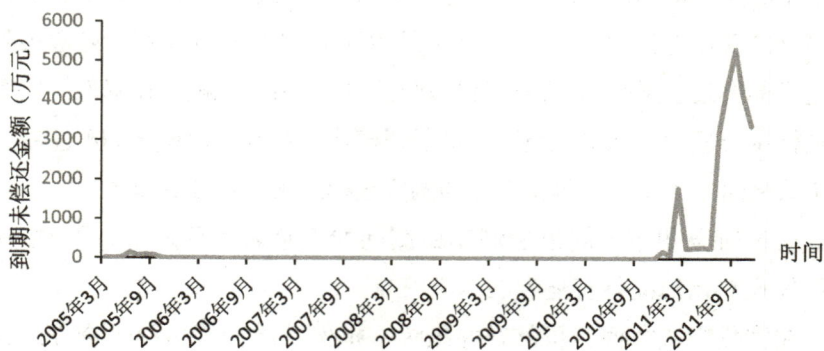

图 2-1 温州民间借贷市场到期未还款金额监测图

资料来源：中国人民银行温州市中心支行民间借贷利率监测数据。

事实上，自从 2008 年金融危机以来，为应对危机而出台的一系列宽松的经济政策导致了一轮流动性泛滥，到了 2009 年年底，为控制通胀趋势，央行不断收紧流动性，银行缩紧银根。中小企业更难从银行获得贷款，愈来愈恶劣的融资环境迫使中小企业转向民间借贷市场，使得民间借贷空前活跃，同时借贷利息飙升，一路疯涨至月息 0.03—0.05元，个别甚至达到了 0.06—0.10 元。中国人民银行温州市中心支行于 2011 年 7 月发布的《温州民间借贷市场报告》则显示，当前温州市民间借贷市场规模约 1100 亿元，大约 89% 的家庭个人和 59% 的企业参与了民间借贷。实体经济高利率、低收益的趋势使得民间资本进一步向高收益、高风险领域挺进。而通胀的到来使得原材料价格疯涨、员工工资上涨，甚至出现"用工荒"，严重影响企业正常的生产经营活动。企业在主业都无法获得持续经营的情况下，更加难以支付民间借贷市场的高额利息，因此出现了相当一部分企业倒闭停产的状态，一些企业主则直接选择出走以逃避法律责任，保护私有财产。

第三节　民间借贷利率特征

利率是金融市场上的关键变量，同样在民间金融市场上，民间借贷利率的特征反映了民间金融市场的主要特性。民间金融区别于正规金融的重要特征之一，是民间借贷的利率水平高于正规金融的利率水平且其波动较大。一般来说，民间借贷的利率随行就市，受价值规律的调节，围绕资金价格这个轴心变动，并受资金供求关系的影响，这也正是非正规金融的生命力所在。但总体来说，这个利率往往高出同期正规金融市场利率很多，以民间借贷较为盛行的温州为例，20 世纪 90 年代以前民间借贷利率是银行贷款利率的 4—5 倍，而后有所下降，到 2001年降至 3 倍左右，至目前维持在 2 倍左右的水平。中国人民银行温州市中心支行 2010 年所做的一项调查显示，2009 年温州民间借贷利率在 [10.92%, 14.37%] 区间波动，而同时期的银行贷款利率则为 5.31%。

　　表 2-1 为笔者对 2003 年 1 月至 2011 年 11 月 104 个温州民间借贷利率月度监测数据的描述性统计。

表 2-1　描述性统计

统计量	R0—1M	R1—6M	R6—12M	R12M+	R
均值（%）	16.19	14.92	13.73	13.88	14.10
中位数（%）	13.90	14.16	13.40	13.30	13.85
最大值（%）	35.97	24.63	22.97	22.26	22.49
最小值（%）	6.28	10.33	10.43	10.44	10.70
标准差	6.48	3.64	2.47	3.05	2.99
偏度	1.30	0.94	1.35	1.06	1.20
峰度	3.98	2.99	4.74	3.41	3.88
J-B 统计量	34.20	15.74	45.67	20.46	29.01

注：（1）R0—1M 为 1 个月内的民间借贷利率，R1—6M 为 1—6 个月的民间借贷利率，R6—12M 为 6—12 个月的民间借贷利率，R12M+ 为 1 年以上的民间借贷利率，R 为加权平均利率。（2）文中与正规金融利率进行比较的民间借贷利率均为年化利率。

　　由表 2-1，我们可以看出：（1）民间借贷利率的加权平均利率均值为 14.1%，是目前银行贷款利率的 2 倍多。（2）1 个月以内的民间借贷利率标准差最高且高出其他各种期限利率的标准差很多，为 6.48，反映出 1 个月内民间借贷利率波动较大，风险较高；6—12 个月的民间借贷利率标准差最低，为 2.47，说明 6—12 个月的民间借贷利率波动较小，最为稳定，风险较低。对于这种现象，通过对调查问卷结果的统计分析，我们发现，期限在 1 个月内的民间借贷行为很少发生，每月发生数基本在 10 笔以内（调查对象为 400 户），有些月份甚至为 0，占总调查对象的比例小于 2.5%；而期限在 6—12 个月的民间借贷行为发生最多，一般在 200 笔以上，占总调查对象的比例在 50%—65% 之间，这使得这种期限的利率是民间借贷利率中波动最小、最为稳定且风险最小的一种。其余两种期限的民间借贷行为发生数居于上述两者之间，其中 1

年以上的民间借贷行为发生数为 1—6 个月民间借贷发生数的 2—4 倍左右，因此其标准差也较后者低。这些结论在 4 种期限民间借贷利率的箱线图中也可以很明显地看到，如图 2-2 所示。

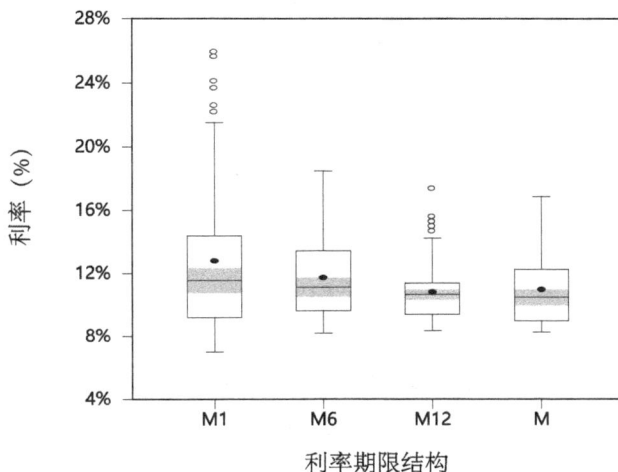

图 2-2　4 种期限民间借贷利率箱线图

资料来源：中国人民银行温州市中心支行民间借贷利率监测数据。
注：M1、M6、M12、M 分别表示贷款期限为 1 个月以下、1—6 个月、6—12 个月和不同期限综合平均借贷利率。

　　由图 2-3 可以看出，民间借贷利率一般在银行同期贷款利率的 1.5 倍到 4.1 倍之间。根据最高人民法院《关于人民法院审理借贷案件的若干意见》的规定 ①，温州民间借贷市场高利贷发生情况很少，这未必符合现实情况。对此我们认为，可能的解释是，受访企业和个人为了避免高利贷的嫌疑，在借贷利率高于规定的界限时，低报了其借贷利率。但这种低报属于小概率事件，并不影响整体的特征，因此我们认为整体数据是可靠的。

_____

① 1991 年 8 月，最高人民法院《关于人民法院审理借贷案件的若干意见》第六条规定："民间借贷的利率可以适当高于银行的利率，各地人民法院可根据本地区的实际情况具体掌握，但最高不得超过银行同类贷款利率的 4 倍（包含利率本数）。超出此限度的，超出部分的利息不予保护。"

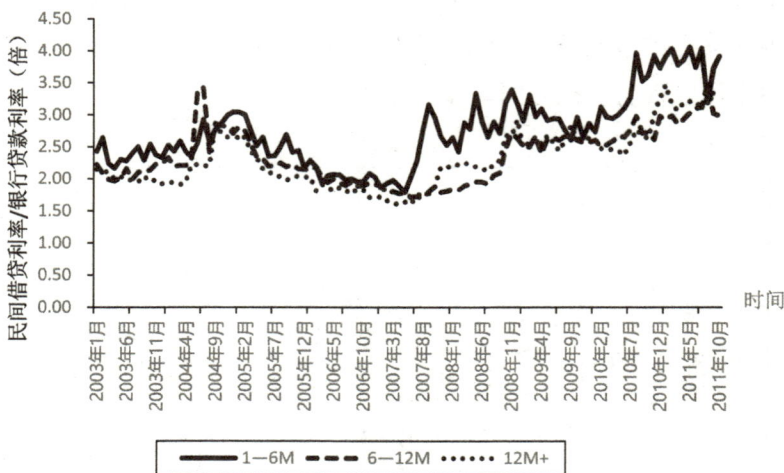

图 2-3 民间借贷利率与银行同期贷款利率比率走势图

资料来源：中国人民银行温州市中心支行民间借贷利率监测数据。

第四节 民间借贷利率影响因素分析

一般来说，民间借贷利率由市场机制决定，同时受到多种因素的影响。如正规金融市场行为、借贷人资金用途、借贷期限、借贷人经营能力等。其中，正规金融市场行为作为外部因素对民间借贷参与双方资金的机会成本以及民间借贷市场整体的供需关系具有重要影响，因此成为民间借贷利率的最重要的影响因素之一。据此，我们将民间借贷利率的影响因素分为两种类型，即正规金融市场行为因素与民间借贷市场微观主体行为因素。

一、正规金融市场行为对民间借贷利率的影响

一般研究认为，民间借贷市场的存在源于正规金融市场的功能缺位。因此，民间借贷市场是正规金融市场的一个补充。从另外一个角度来思考，由于市场分割，正规金融系统将小微企业拒之门外，对于民间借贷市场主体而言，正规金融市场才是民间借贷市场的一个补充。正规金融

市场供求情况、市场利率成为民间借贷市场主体借贷行动的重要参考依据。对资金供给者而言，正规金融市场利率是其贷款行为的机会成本；对于资金需求者而言，一方面正规金融市场资金松紧程度影响其在民间借贷市场的资金需求水平，另一方面由于借贷资金并不是其项目投资资金的全部来源，因此正规金融市场利率也是其自有资金的机会成本。我们用银行同期贷款利率来衡量正规金融市场利率，同时用法定存款准备金率衡量正规金融市场资金供给的松紧程度。

由图 2-4 可以看出，民间借贷利率与银行同期贷款利率走势基本相同，但其波动幅度较银行贷款利率大出很多。民间借贷利率作为一个市场化的利率，在市场资金供求关系的影响下，围绕资金价格这个轴心上下浮动，时而可能较高，时而可能较低，因而具有很大的灵活性；而银行贷款利率作为一种官方利率，服从于宏观经济政策的需要，因此较为固定。

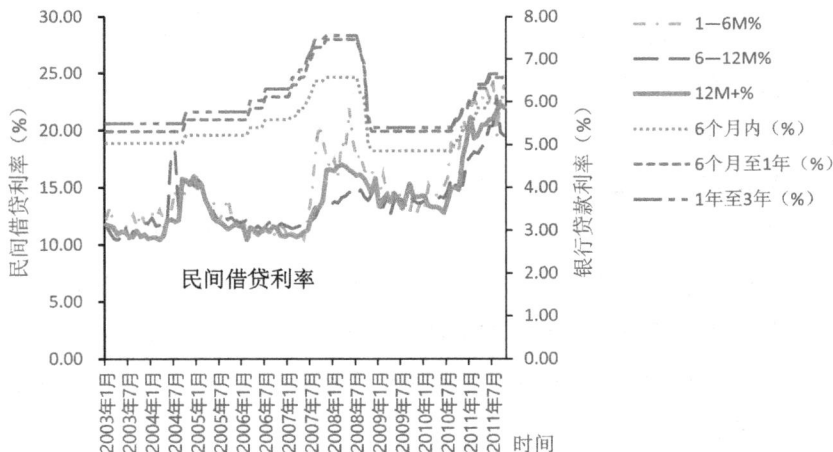

图 2-4　民间借贷利率与银行同期贷款利率走势图

资料来源：中国人民银行温州市中心支行。

为了应对 1997 年爆发的亚洲金融危机对我国的冲击，从 1998 年起我国实行了宽松的货币政策。金融机构存款准备金率在不到两年的时间里从 13% 一路下降到 6%，之后缓慢上提但维持在较低水平。2004 年，钢铁、建材、房地产等行业出现了过度投资的现象，国家开始限制对这些行业的信贷投入，同时央行不断上调存款准备金率。随着货币政策的趋紧，银行信贷投放减少，正规金融市场资金供应紧张，民间借贷市场迅速活跃。温州民间借贷加权平均利率从 2003 年 12 月份的 8.94% 上升至 2005 年 1 月份的 12.11%，上升了约 35%。2005 年在继续小幅上调法定存款准备金率的情况下，3 月份央行下调了超额存款准备金率，货币市场利率趋向稳定，正规金融市场资金供应呈宽松状态。另外，由于房地产等行业受到宏观政策调控的影响，开始出现投资规模萎缩现象，企业资金需求开始下降。2005 年上半年民间借贷利率从 1 月份的最高点开始回落，并在 12 月份降到 9.46%，至 2007 年上半年一直保持在 9% 左右的水平，是近年来民间借贷利率最低也是最为稳定的时期。

2007 年，我国经济出现了流动性泛滥、投资过热的现象，上半年居民消费价格指数（CPI）同比涨幅逐月提高，3 月份以来连续 3 个月涨幅突破了 3%，5 月份为 3.4%，6 月份创下 2004 年 9 月份以来的新高，达到 4.4%，使市场通胀压力明显加大。为此，国家加强宏观调控减少市场流动性，在 1 年之内 6 次提高存、贷款基准利率，10 次上调存款准备金率（见图 2-4、图 2-5）。迅速降低的市场流动性水平使投资热情不减的温州企业面临更大的融资困境，从而更多地转向非正规金融市场，民间借贷市场再度活跃，7 月份以后民间借贷利率开始大幅上涨，至 2007 年年底即达到 11.64%。2008 年年初各商业银行继续实施从紧的货币政策，同时温州民间借贷利率继续上涨，并在 4 月份达到 12.60% 的高位，为近年来的最高点。之后 3 个月也一直维持着 12.00% 以上的高利率水平。

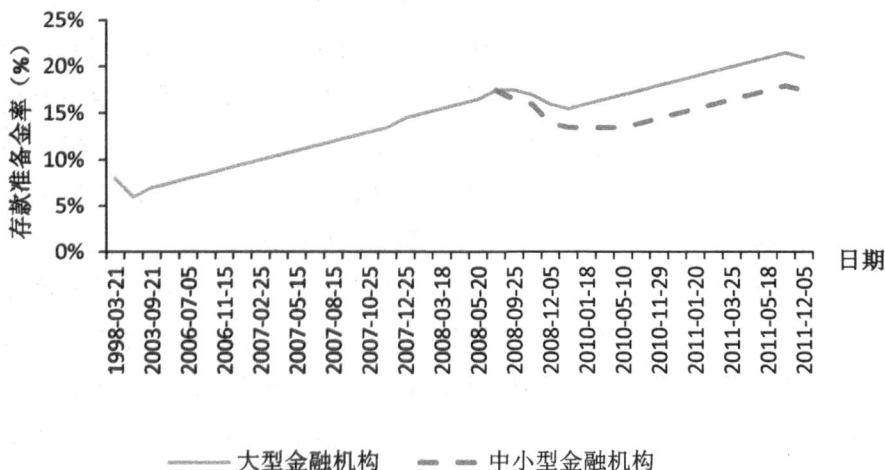

图 2-5　金融机构存款准备金率 [①] 比例图

资料来源：中国人民银行官方网站。

　　随着 2008 年 9 月份雷曼兄弟公司申请破产保护，华尔街金融风暴席卷全球，为了应对金融危机，央行果断调整货币政策，开始实施适度宽松的货币政策，下半年连续 4 次下调存款准备金率，5 次下调存、贷款基准利率，为市场注入大量流动性以减少金融危机对我国经济的冲击。伴随着资金面的宽松，温州民间借贷利率转而开始持续下降，至 2009 年 4 月降至 10.34%。2009 年央行继续实施适度宽松的货币政策，资金面较为宽松，民间借贷利率基本维持在 11% 以下。

　　2010 年，金融危机的影响渐渐退去，为了应对危机持续实行的一系列积极宽松的财政货币政策，造成了社会投资过度、经济过热和市场流动性泛滥，居民消费价格指数（CPI）同比涨幅在 2009 年 7 月份为负值 -1.8%，至 2010 年 7 月份达到了 3.3%，11 月份更是达到了 5.1% 的高位。为了控制通货膨胀，央行迅速调整货币政策，2010 年 11 月份至 2011 年 7 月份连续 9 次上调存款准备金率，5 次上调存贷款基准利率（见图 2-4、图 2-5）。正规金融市场资金的迅速紧张使得民间借贷市

[①] 在 2008 年以前，大中小型金融机构实行统一的存款准备金率制度。2008 年 9 月 25 日开始的存款准备金率制度实行大型金融机构与中小金融机构不同的存款准备金率制度。

场迅速升温，根据中国人民银行温州市中心支行于 2011 年 7 月发布的
《温州民间借贷市场报告》，温州市民间借贷市场规模约 1100 亿元，约
89% 的家庭个人和 59% 的企业参与了民间借贷[①]，出现了几乎全民放贷
的格局，民间借贷利率也快速上升。与以往不同的是，此次民间借贷利
率上涨十分迅速，且利率水平高出以往许多，至 2011 年 8 月份达到了
17.05%，期限小于 1 个月的借贷利率更是达到了 24.14%。

　　民间借贷利率高企使得企业资金成本迅速上升，同时由于这轮调控
并没有控制住通胀继续的势头，原材料成本和人工成本的不断上涨，这
几个因素的共同作用使得许多中小民营企业不堪重负，部分中小企业出
现资金链的崩盘。2011 年 8 月至 9 月，温州连续发生了近 30 起企业主
"跑路"事件，此后，伴随着中小企业的"倒闭潮"和中小企业主"跑
路潮"，温州民间借贷危机爆发。

　　基于以上分析，我们可以看出民间借贷利率与正规金融市场行为存
在以下关系：（1）民间借贷利率与正规金融市场货币供应呈现出此消彼
长的关系，当我国实施宽松的货币政策，加大银行信贷投放力度，增加
市场流动性时，民间借贷市场需求萎缩，民间借贷利率就下降；反之，
当我国实施紧缩的货币政策，减少银行信贷投放，降低市场流动性时，
民间借贷市场需求旺盛，民间借贷利率就上升。（2）民间借贷利率一直
高于正规金融市场利率，且在正规金融市场利率的 1.5 倍至 4 倍的区间
波动。正规金融市场利率受到政府的严格管制，设有上限且一般较低；
而民间借贷利率是一种市场化的利率，由借贷双方自行议价决定，较为
真实地反映了民间借贷市场的资金价格水平，且通常高于政府管制利率
上限。（3）民间借贷利率与正规金融市场利率基本呈同向变动关系，反
映出民间借贷市场与正规金融市场具有较好的联动性。

二、民间借贷市场微观主体行为对民间借贷利率的影响

　　民间借贷利率由借贷双方直接议价决定，似乎是一个很简单的过程，
其实不然。关键在于这个议价过程受到诸多因素直接或间接的影响，如

---

① 《温州民间借贷市场报告》，中国人民银行温州市中心支行，2011 年。

民间市场资金的供给与需求关系直接影响借贷双方的相对议价能力，而这种供需关系又受到正规金融市场信贷供给与整体经济发展状况的影响；借款人的资金用途对借贷利率也存在重要影响，原因在于资金的借贷用途左右了资金的安全性和收益性，放贷者显然对不同用途的资金风险和收益有着不同的价格要求，体现在民间借贷利率的大小上，且不同的资金用途的紧急程度不一样，借款利率也不一样；民间借贷资金的使用期限也影响了民间借贷利率的水平，称为民间借贷利率的期限结构特征，一般来说，期限较长的资金因流动性差、风险高而具有较高的借贷利率，但这并不是绝对的，而是受到借贷双方行为人风险偏好的影响；借款人自身经营能力关系到其还款能力，因此对借贷利率的决定具有重要影响。

上述第一个因素在上一节已经得到讨论，即正规金融市场行为对民间借贷利率决定的影响，属于影响民间借贷利率的外部因素，后几个因素则是由民间借贷市场微观主体行为决定的，属于影响民间借贷利率的内部因素。我们主要讨论后几个因素的影响，即内部因素在民间借贷利率形成机制中的作用。

（一）借款人资金用途

根据中国人民银行温州市中心支行温州民间借贷利率监测点的民间借贷监测数据，我们将民间借贷用途分为 4 种：生产经营用途、家用消费用途、投资用途以及其他用途。借款人的资金用途在两方面对借贷利率产生影响，一是资金的预期收益及安全性；二是贷款的紧急程度。

对于前者，若借款人通过使用借贷资金能获得较高的收益，他就能接受较高的借款利率，若使用借贷资金可获得的收益较低，借款人能接受的利率水平则较低；而若借款人对资金的使用具有较高的安全性，放贷者则会降低对资金价格的要求，即接受较低的借贷利率；反之，若借款人对资金的使用缺乏安全性，换言之，投资项目等具有较高的风险性，放贷者会提高资金价格，即要求较高的借贷利率。这个规则只适用于资金用途具有营利性的情况，如生产经营用途、项目投资与各种投机活动等。

对于后者，某些借款人具有较为迫切的资金用途，如求学、婚嫁、置房等非盈利用途，在这里我们称为家用消费用途。这种资金用途通常是借款人的迫切需要，因此在为获取资金而进行的借贷利率的议价过程中，具有较低的议价能力，因而家用消费用途的民间借贷利率普遍较高。

图 2-6 和图 2-7 分别描述了 2010 年和 2011 年各月份不同用途民间借贷利率的大小。通过比较分析，我们发现：

从纵向水平看，整体上，2011 年的民间借贷利率水平较 2010 年高出了很多；具体来看，生产经营用途资金利率虽有上升，但幅度较小且上升趋势较为平稳，基本维持在 10%—15%；家用消费用途资金利率与投资用途资金利率变化较为同步，上升幅度均很大，且波动幅度较大，其中家用消费用途资金利率在 2011 年 3 月达到最大值 24.19%，投资用途资金利率则在 2011 年 3 月达到了最大值 23.07%。

从横向水平看，生产经营用途资金利率是各用途资金利率中最低的；家用消费用途资金利率基本高于生产用途资金利率，投资用途资金利率则呈现出两极化趋势，在 2010 年 8 月以前，基本是 3 种用途中最低的，8 月以后则成为 3 种用途中最高的。

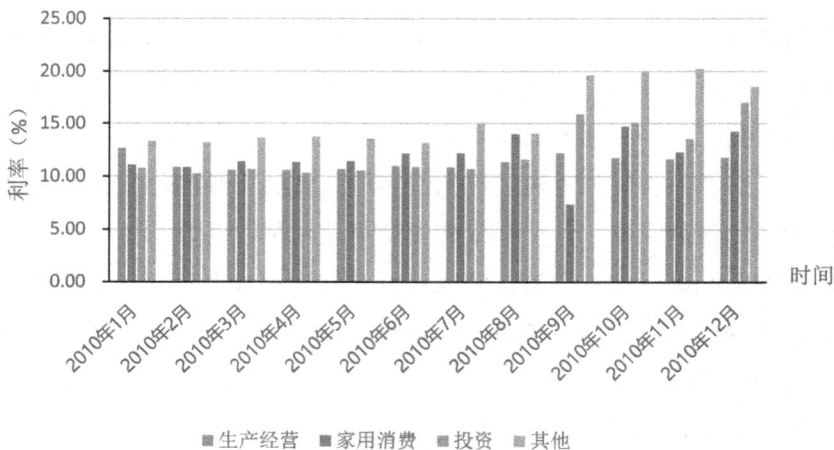

图 2-6　2010 年不同用途民间借贷利率比较图

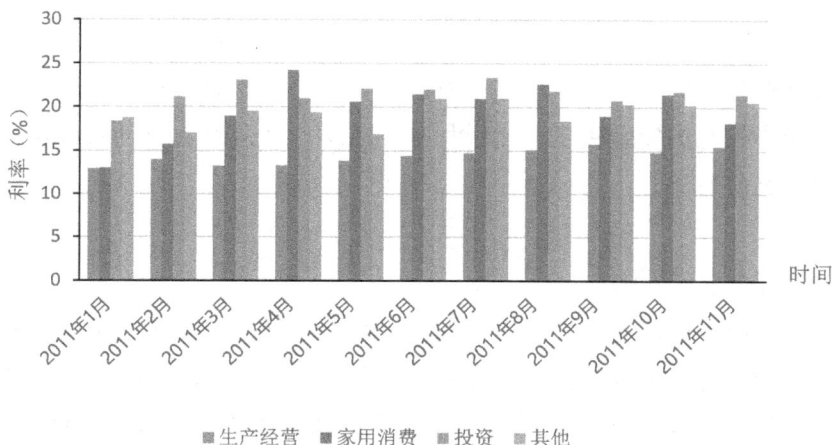

图2-7 2011年不同用途民间借贷利率比较图

资料来源：中国人民银行温州市中心支行。

　　以上现象与我们开始的讨论相符，虽然用于生产经营用途的民间借贷资金利率会随市场整体状况而发生变化，但变化幅度较小，即对市场快速的变化较不敏感，因此这种用途的借贷资金利率最为稳定。背后的原因在于借款人获得此种资金的用途在于参与生产经营流程，即进入实体经济过程，通常这种企业的利润率较为稳定，且借款人资金的安全性较高，且收益较为稳定，因此借贷资金利率也相应地较低且较为稳定。

　　事实上，通过对2003年至2009年监测数据的分析，我们发现，与用于其他用途的借贷资金利率比较，无论是绝对值还是相对水平，投资用途的民间借贷资金利率一直处于较低的水平。[①] 而在2010年8月份以后，其绝对水平与相对水平均迅速提高，至2011年2月份以后，投资用途的民间借贷利率成为所有用途中最高借贷利率。这与温州始于2011年4月份的企业主"跑路"现象的时间是吻合的，这从一个侧面揭示了此次温州民间借贷危机的一个原因：在民间借贷盛行、利率高企的情况下，部分企业主没有将借来的"昂贵"的资金投入企业生产经营的实业中去，而是从事了高风险的投资行为，如投资房地产、参与经营

---

① 限于篇幅，这里不再一一列述。

担保公司等。

综上所述，我们不难看出，民间借贷资金的用途对于民间借贷利率具有重要的影响。资金用途愈是迫切，资金价格即借贷利率便愈高；愈能带来高收益的资金用途，借贷利率也愈高；资金用途的风险愈高，借贷利率也愈高。

（二）借贷期限

利率期限结构是指在同一时点上具有不同到期时间的利率所构成的一条曲线。理论上利率曲线一般具有4种形状：向上倾斜状、向下倾斜状、水平状和驼峰状。而在现实情况中，利率曲线往往具有多种形状。传统利率期限结构理论对利率曲线的形状及其形成原因做出了多种解释。预期理论在假定不同期限债券是完全替代的、投资者风险中性且市场是完全竞争的情况下，认为利率期限结构取决于投资者对未来利率的预期做出的决策。当投资者预期未来利率上升时，利率曲线呈向上倾斜状；当投资者预期未来利率下降时，利率曲线呈向下倾斜状；当投资者预测未来利率保持不变时，利率曲线呈水平状。

流动性偏好理论在强调预期对利率期限影响的同时，认为我们应当同时关注投资者的流动性偏好。长期债券因流动性较差而具有相应的风险，投资者往往偏好具有较高流动性的短期债券，长期利率不仅反映了投资者对未来的预期，也体现了相应的期限升水。而市场分割理论则认为投资者通常对债券的期限具有偏好，不同期限的债券不可替代，即利率市场完全分割。

通过对2003年1月至2011年11月共106个月度利率数据的分析，我们发现民间借贷利率存在4种期限结构，分别为U型、倒U型、波浪型和向上倾斜型。其中U型60个，倒U型26个，波浪型18个，递增型2个。图2-8为选取其中典型的4组数据绘制而成的民间借贷利率期限结构图。

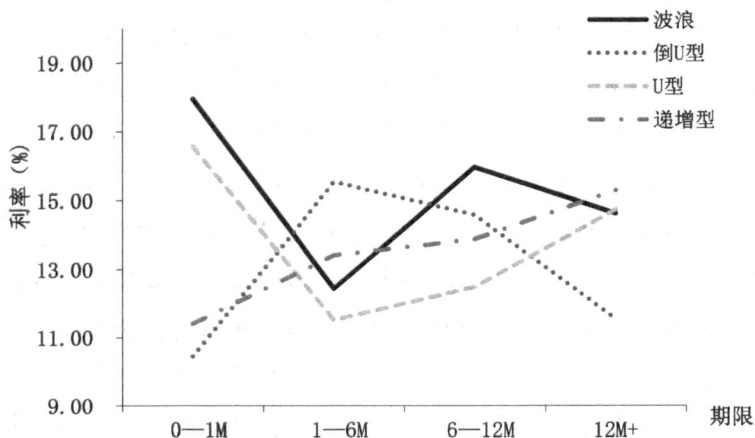

图 2-8 民间借贷利率期限结构图

资料来源：中国人民银行温州市中心支行。

　　按照流动性偏好理论，利率曲线总体应呈向上倾斜状，而我们对民间借贷利率数据的分析，发现呈向上倾斜状的利率曲线只有 2 条，最多的是 U 型，为 60 条，这种现象不符合流动性偏好理论。通过对 U 型利率曲线的观察，我们发现，其最小值基本出现在 1—6M 这个期限中，即小于 1 个月的民间借贷利率往往大于 1—6 个月的民间借贷利率，而之后期限的民间借贷利率基本呈上升趋势，符合流动性偏好理论。对于这一现象，我们认为这符合民间借贷市场的实际情况。如前所述，期限小于 1 个月的民间借贷发生的频率很低，次数很少，且通常是紧迫资金需求，投资者通常是为了某种特殊资金用途，而不一定是用来投资，其议价能力基本为零，只能接受放贷人的高利率要求，这种情况不符合一般性，与其他期限利率并不具有可比性。因此，剔除这种情况的影响，这些民间借贷利率期限结构具有向上倾斜特征。

　　另外有 26 条曲线呈倒 U 型，20 条曲线呈波浪型。对于这些不规则曲线，在预期理论的基础上，分别结合流动性偏好理论和市场分割理论可以得出较好的解释。在民间借贷市场上，存在多种借贷形式，包括个人借给个人、个人借给企业、企业借给个人、企业借给企业等 4 种。借贷用途上，主要有生产经营、家用消费、投资以及其他用途。对于不同的借贷形式和借贷用途，投资者的期限偏好和资金的风险水平差异很大，并不能单纯地使用一种理论加以解释。一些投资者有存在偏好长期利率的情况，可能的原因有很多。在民间借贷市场上，中长期资金需求者更倾向于投资于较为稳定的用途，如生产经营等，而短期资金的需求者则更有可能从事风险较高的用途，如投标所需资金等各种投机行为①。资金供给方出于对逆向选择风险的考虑，可能会选择风险较低的长期投资者。另一种可能的解释是，当资金供给面较为宽松时，短期资金到期后不能立即重新贷出去，在等待或是寻找下一个借款人的过程中会造成资金闲置损失，加上借贷过程产生的交易成本，其总收益可能不如长期投资所获的利息收入。投资者的不同偏好及多种预期，共同造成了民间借贷利率曲线的多种形状。

（三）借款人经营能力

2011 年 4 月，经营多家公司的温州波特曼咖啡因经营不善，企业主向民间借入高息资金，最终导致资金链断裂出走。像波特曼咖啡这样因经营不善而被迫借入高利率资金的企业在温州并不少见。当然，并非每一家这样的企业都会遭遇资金链断裂的困境，但这从一个侧面反映了借款人经营能力对融资成本的影响。

事实上，前文所述部分企业主（借款人）使用借贷资金进行高风险投资的行为，也可以归结到借款人自身的经营能力上来。企业主之所以选择将资金投入非公司主业的高风险行业，一方面原因是这些行业的高利润诱惑，另一方面原因是他们自身对企业主要业务的经营能力不佳，致使从事主业利润微薄甚至亏损进而选择别的出路。这种经营能力不佳可能是缺乏整体战略眼光，或是缺乏创新性，又或者是管理不善所致的经营效率低下，等等。

借款人自身的经营能力对民间借贷利率的影响机制非常简单，即若借款人经营能力较强，则其将更有能力归还所借资金，放贷人的资金安

① 为了获得投机行为可能带来的高额回报，投机者通常愿意接受较高的资金成本。

全性就较高，因此可以接受较低的借款利率；反之，若借款人的经营能力较弱，则其归还资金的可能性较低，放贷人资金的安全性就较低，因此要求较高的借款利率。这个逻辑无论是在民间借贷市场还是在正规金融市场都是一样的。

第三章
民间借贷利率决定机制研究

第一节　假说的提出

　　我们在上一章中对温州民间借贷利率的特征及其影响因素进行了描述和分析,发现了以下结果现象:第一,温州民间借贷利率与正规金融市场利率相关,且呈同向变动关系;第二,民间借贷资金的用途对于温州民间借贷利率具有重要的影响,具体表现为愈是迫切的资金用途借贷利率愈高,愈是高收益的资金用途,借贷利率也愈高;第三,温州民间借贷利率与借贷期限基本呈同向变动关系,但也存在部分借贷利率与借贷期限呈反向变动关系的情况;第四,温州民间借贷利率与借款人经营能力呈同向变动关系。

　　以上是温州民间借贷市场中民间借贷利率与预期影响因素之间的相

关关系，但我们更期待获得一般意义上的民间借贷利率的决定机制。为此，本章将从众多中小民营企业主"跑路"的现实情况出发，构建一个在不完全合约框架下的信贷博弈模型，解析正规金融市场行为、项目收益、贷款紧急程度、借款期限、借款者经营能力等变量在民间借贷利率形成过程中的影响机制。

根据上述对温州民间借贷利率分析得出的结论，我们提出了民间借贷利率影响因素的 5 个假说。

假说一：民间借贷利率与正规金融市场利率正相关。

假说二：民间借贷利率与借贷资金投资收益正相关。

假说三：民间借贷利率与借贷期限正相关。

假说四：民间借贷利率与贷款紧急程度正相关。

假说五：民间借贷利率与借款人经营能力负相关。

下面我们通过建立民间借贷利率决定的一般化模型来论证上述假说是否成立。

第二节　模型构建

民间借贷产生负面影响的原因在于其不受监管，交易行为隐蔽，交易风险较高。过高的资金成本易迫使借款人选择违约逃避责任，且民间借贷中签订的多是内容极不完备的非正式合约，在很多情况下并不能获得法律保护，这就增加了违约风险发生的概率。最后，一旦出现大规模违约，将对金融稳定乃至社会稳定造成较大影响。于 2011 年爆发的中小企业家"跑路潮"就很能说明该问题。因而，我们的民间借贷利率模型建立于不完全合约的框架之下。在此，有必要先对模型构建的理论基础做一些简要的说明。

一、模型构建的理论基础

（一）NASH 议价模型

信息基本对称的 NASH 议价模型建立在严格的假设基础之上（Nash，1950）。1975 年，Kalai 和 Amorodinsky 做出假设，提出了信息基本对称的 NASH 议价模型的解：

$$x^* = \underset{x}{Max}[U_b(x) - B_b]^a[U_l(x) - B_l]^{(1-a)} \qquad （3-1）$$

其中 $U_b(x)$ 和 $U_l(x)$ 是在方案 x 下的议价双方的效用函数，B_b 和 B_l 是双方的保留效用（utility of breakdown point）。x^* 是帕累托最优（Pareto efficiency）时的方案。a 是 b 议价方的相对议价力量。该模型简单而深刻，以简单的形式深入刻画了交易双方的行为模式与利益关系，该模型便于我们通过对利率决定双方行为的考察，客观地描述民间借贷利率的形成过程。

（二）不完全合约理论与动态债务模型

完全合约在设计合约的时候，已经将以后任何可能的状态都提前考虑到了，并且对每一个可能的状态都约定应该采取的行动；而不完全合约在签订合约的时候，没有对所有可能的状态都约定应该采取的行动。因此不完全合约理论寻求的不是最优的完全合约，而是局部最优的不完全合约。不完全合约理论假定当事人之间的信息是对称（可查证）的，但他们与执行合约的第三方之间的信息是不对称（不可查证）的。因此，即便当事人可以设计完全合约，但完全合约将是无法执行的。

动态债务模型是不完全合约理论的一个具体应用（Hart & Moore，1998）。模型假设合约相对于现金流的状态是不完全的，即事前合约不能根据企业不同的现金流制定对投资者不同的支付额。于是，模型假定事前合约只能制定一个固定的支付额，而这个支付额即是模型的解。

二、模型构建

（一）模型假设

假设一个企业家（即债务人）需要 1 单位资金来投资一个两期的项目。其自有资金为 $1-\beta$，需要的贷款额为 β，债权人要求的收益为 $\beta(1+r)$。项目的现金流（收益）R_1 和 R_2 分别在 $t=1$ 和 $t=2$ 时实现。R_t 的水平债权人和债务人都可以观测到，但第三方（如法庭）是不可查证的，因此可执行的合约条款（支付额）不能直接设定在 R_t 上。

一旦现金流 R_t 产生，债务人就可以将它从公司转移出去占为己有，所以在这个两期模型里，债务必须在第 1 期到期，因为模型没有第 3 期，债务人总是会将 R_2 转移出去，且不归还第 2 期到期的债务。如果债务人在第 1 期转移 R_1 而拒绝支付债权人要求的收益 $\beta(1+r)$，债权人可以通过清算企业资产来阻止债务人获得未来收益 R_2，并获得企业的清算价值 L 来弥补自己的损失。

基于前述分析，我们对民间借贷利率的决定模型做了如下假设：

（1）借贷双方都是风险中立者，并且双方之间信息基本对称。

（2）自有资本和民间借贷市场贷款为项目投资资金的全部来源。

（3）一旦产生项目收益，债务人可以选择用其支付债权人本息或将其转出占为己有。

（4）若债务人到期未能支付债权人要求的收益，债权人有权处置其项目资产。

（5）债务人能获得的项目资产清算价值与预期的项目资产收益相仿[1]。

（二）借贷双方效用函数

由于借贷双方的效用难以具体量化，我们采用各自可获得的收益来刻画双方的效用函数。设借款人的效用函数为 $U_D(r)$，贷款人的效用函数为 $U_C(r)$。

在第 1 期期末，借贷双方利益分配如下：

---

[1] 资产的价值由其未来收益决定。因此，我们认为这个假设是合理的。

当 $R_1 < \beta(1+r)$ 时，借款人收益为 R_1，放贷人收益为 L；

当 $R_1 > \beta(1+r)$ 时，借款人收益为 $R_1 - \beta(1+r) + E(R_2)$，放贷人收益为
$\beta(1+r)$。

则有：

$$U_D = \int_0^{\beta(1+r)} Rf(R)dR + \int_{\beta(1+r)}^{2\bar{R}} \left[R - \beta(1+r) + E(R_2)\right]f(R)dR \quad (3\text{-}2)$$

$$U_C = \int_0^{\beta(1+r)} Lf(R)dR + \int_{\beta(1+r)}^{2\bar{R}} \beta(1+r)f(R)dR \quad (3\text{-}3)$$

设 R 服从 $[0, 2\bar{R}]$ 上的均匀分布（$\bar{R}$ 为 R_t 的均值），

所以，$f(R) = \dfrac{1}{2\bar{R}}$，

则可以得到：

$$\begin{aligned}
EU_D &= \int_0^{\beta(1+r)} Rf(R)dR + \int_{\beta(1+r)}^{2\bar{R}} \left[R - \beta(1+r) + E(R_2)\right]f(R)dR \\
&= \frac{1}{2\bar{R}} \times \frac{1}{2}R^2 \Big|_0^{\beta(1+r)} \\
&\quad + \frac{1}{2\bar{R}}\left[\frac{1}{2}R^2 - \beta(1+r)R + \bar{R} \times R\right]\Big|_{\beta(1+r)}^{2\bar{R}} \\
&= \frac{1}{2\bar{R}} \times \frac{1}{2}(\beta(1+r))^2 \qquad\qquad (3\text{-}4)\\
&\quad + \frac{1}{2\bar{R}}\left[\frac{1}{2}(2\bar{R})^2 - \beta(1+r) \times 2\bar{R} + \bar{R} \times 2\bar{R}\right] \\
&\quad - \frac{1}{2\bar{R}}\left[\frac{1}{2}(\beta(1+r))^2 - (\beta(1+r))^2 + \bar{R} \times \beta(1+r)\right] \\
&= \frac{\beta^2(1+r)^2}{2\bar{R}} - \frac{3}{2}\beta(1+r) + 2\bar{R}
\end{aligned}$$

$$EU_C = \int_0^{\beta(1+r)} L \frac{1}{2\overline{R}} dR + \int_{\beta(1+r)}^{2\overline{R}} \beta(1+r) \frac{1}{2\overline{R}} dR$$

$$= LR \frac{1}{2\overline{R}} \bigg|_{0}^{\beta(1+r)}$$

$$+ \beta(1+r) R \frac{1}{2\overline{R}} \bigg|_{\beta(1+r)}^{2\overline{R}} \qquad (3\text{-}5)$$

$$= \frac{1}{2\overline{R}} \times L \times \beta(1+r)$$

$$+ \frac{1}{2\overline{R}} \beta(1+r)[2\overline{R} - \beta(1+r)]$$

$$= \frac{L+2\overline{R}}{2\overline{R}} \beta(1+r) - \frac{\beta^2}{2\overline{R}}(1+r)^2$$

（三）借款人议价能力

在民间借贷利率的决定过程中，借贷双方利用各自的谈判地位和议价能力最大化自身利益。在这个博弈过程中，我们需要引入借贷双方议价能力这一概念。借贷双方议价能力是指借贷双方在商定借贷利率的过程中各自的谈判能力。它受到多种因素的影响，如借贷双方相对数量、借款者经营能力、贷款的紧急程度以及双方各自的期限偏好等。议价能力是一个相对概念，即一方相对于另一方的谈判能力，借贷双方的议价能力存在一个此消彼长的关系。因此，模型中我们只需要定义一个借款人相对议价能力即可。综上，我们将借款人相对议价能力设定为借款人数 m、贷款人数 n、借贷期限 t、贷款紧急程度 e，借款人的经营能力 p 的函数，即，$\alpha = \alpha(m,n,t,e,p)$。且有：

$\frac{\partial \alpha}{\partial m} < 0$，$m \geq 0$，借款人的相对议价能力 α 与借款人数 m 负相关。

$\frac{\partial \alpha}{\partial n} > 0$，$n \geq 0$，借款人的相对议价能力 α 与贷款人数 n 正相关。

$\frac{\partial \alpha}{\partial t} < 0$，$t \geq 0$，借款人的相对议价能力 α 与贷款期限 t 负相关。

$\dfrac{\partial \alpha}{\partial e} < 0, 0 \leqslant e \leqslant 1$，借款人相对议价能力$\alpha$与贷款紧急程度$e$负相关。

$\dfrac{\partial \alpha}{\partial p} > 0, 0 \leqslant p \leqslant 1$，借款人相对议价能力$\alpha$与借款人的经营能力$p$正相关。

（四）保留效用与交易成本

对于债务人而言，若没有借入资金进行项目投资，则其自有资金另作他用也会产生一定的收益，我们称之为债务人的保留效用；对于债权人而言，其出借给债务人的资金的机会成本即是债权人的保留效用。

在这里，我们认为债务人的自有资金与债权人投资资金的机会成本为其各自的正规金融市场收益。我们定义正规金融市场收益为ρ，则债务人的保留效用为$(1-\beta)(1+\rho)$，债权人的保留效用为$\beta(1+\rho)$。

另外，虽然民间借贷市场的交易成本较正规金融市场低，但也不可完全忽略，设借款人交易成本为C_d，贷款人交易成本为C_c。

（五）效用最大化模型

考虑了保留效用和交易成本的民间借贷利率是如下数学规划的解：

$$\underset{r}{\mathrm{Max}}\{EU_D - (1-\beta)(1+\rho) - C_d\}^{\alpha}\{EU_C - \beta(1+\rho) - C_c\}^{1-\alpha} \qquad （3-6）$$

$$\mathrm{s.t.} \ \ EU_D - (1-\beta)(1+\rho) - C_d > 0$$

$$EU_C - \beta(1+\rho) - C_c > 0$$

式中：$EU_D - (1-\beta)(1+\rho) - C_d$为借款人预期超额利润；$EU_C - \beta(1+\rho) - C_c$为放贷人的预期超额利润；$\alpha$为相对议价能力。

第三节　模型求解

本节我们将求解上述优化问题，获得民间借贷利率的解析解。

将借款人和放贷人各自的期望效用（3-4、3-5）代入上述最大化双方利益的函数（3-6）中，得到：

$$\underset{r}{\text{Max}}\{EU_D - (1-\beta)(1+\rho) - C_D]^\alpha [EU_C - \beta(1+\rho) - C_C]^{1-\alpha}\}$$

$$= \underset{r}{\text{Max}}\{[\frac{\beta^2(1+r)^2}{2\overline{R}} - \frac{3}{2}\beta(1+r) + 2\overline{R} - (1-\beta)(1+\rho) - C_D]^\alpha$$

$$\times [\frac{L+2\overline{R}}{2\overline{R}}\beta(1+r) - \frac{\beta^2}{2\overline{R}}(1+r)^2 - \beta(1+\rho) - C_C]^{1-\alpha}\}$$ （3-7）

$$s.t. \quad EU_D - (1-\beta)(1+\rho) - C_d > 0$$

$$EU_C - \beta(1+\rho) - C_c > 0$$

这是一个包含了借贷双方博弈行为所有变量的数学规划问题。为了求解这个数学规划问题，我们将对其进行一定的化简。

令借款人的预期超额利润为

$$EU_D - (1-\beta)(1+\rho) - C_d$$

$$= \frac{\beta^2(1+r)^2}{2\overline{R}} - \frac{3}{2}\beta(1+r) + 2\overline{R} - (1-\beta)(1+\rho) - C_D$$ （3-8）

$$= X(r)$$

则放贷人的预期超额利润 $EU_C - \beta(1+\rho) - C_C$ 为

$$EU_C - \beta(1+\rho) - C_C$$

$$= \frac{L+2\overline{R}}{2\overline{R}}\beta(1+r) - \beta(1+\rho) - C_C$$

$$- [X(r) + \frac{3}{2}\beta(1+r) - 2\overline{R} + (1-\beta)(1+\rho) + C_D]$$ （3-9）

$$= \frac{L-\overline{R}}{2\overline{R}}\beta(1+r) - X(r) + 2\overline{R} - (1+\rho) - C_C - C_D$$

于是上述规划问题（3-7）转化为

$$\underset{r}{\text{Max}}\{X(r)^\alpha [\frac{L-\overline{R}}{2\overline{R}}\beta(1+r) - X(r) + 2\overline{R} - (1+\rho) - C_C - C_D]^{1-\alpha}\}$$ （3-10）

为了得到借贷双方效用最大化时的利率，我们利用自然对数将上述规划问题线性化，得到：

$$\underset{r}{\text{Max}}\{\alpha \ln X(r) + (1-\alpha)\ln[\frac{L-\overline{R}}{2\overline{R}}\beta(1+r) + 2\overline{R} - (1+\rho) - C_C - C_D - X(r)]\}$$

（3-11）

到这里我们便可以运用一阶导数条件来求解上述最大化问题，上述最大化问题的一阶条件为

$$\frac{\alpha}{X(r)}\frac{\partial X(r)}{\partial r}+(1-\alpha)\frac{\frac{L-\overline{R}}{2\overline{R}}\beta-\frac{\partial X(r)}{\partial r}}{\frac{L-\overline{R}}{2\overline{R}}\beta(1+r)+2\overline{R}-(1+\rho)-C_C-C_D-X(r)}=0$$

（3-12）

由于$L=\overline{R}$，所以其一阶条件化为

$$\frac{\alpha}{X(r)}\frac{\partial X(r)}{\partial r}-(1-\alpha)\frac{\frac{\partial X(r)}{\partial r}}{2\overline{R}-(1+\rho)-C_C-C_D-X(r)}=0 \qquad （3-13）$$

若$\frac{\partial X(r)}{\partial r}=0$，则一方的预期超额利润最大，另一方的预期超额利润最小。这是因为双方预期超额利润最大化的一阶条件均为$\frac{\partial X(r)}{\partial r}=0$，而二阶条件则正好相反。由于双方都存在议价能力，因此，借款人的预期超额利润最大而放贷人的预期超额利润最小不会出现，即$\frac{\partial X(r)}{\partial r}\neq 0$，于是我们得到：

$$\frac{\alpha}{X(r)}-\frac{(1-\alpha)}{2\overline{R}-(1+\rho)-C_C-C_D-X(r)}=0 \qquad （3-14）$$

整理后得：

$$X(r)=\alpha(2\overline{R}-1-\rho-C_C-C_D)$$

即：

$$\frac{\beta^2(1+r)^2}{2\overline{R}}-\frac{3}{2}\beta(1+r)+(1-\alpha)2\overline{R}+(\alpha+\beta-1)(1+\rho)-(1-\alpha)C_D+\alpha C_C=0$$

（3-15）

这是一个关于 r 的二阶方程，使用二阶方程的求解公式，我们可以得到所需的利率解析解：

$$r^* = \frac{\overline{R}}{\beta}(\frac{3}{2} \pm \sqrt{\frac{9}{4} - \frac{2T}{\overline{R}}}) - 1 \qquad (3-16)$$

其中：

$$T = (1-\alpha)(2\overline{R}-1-\rho) + \beta(1+\rho) + \alpha C_c - (1-\alpha)C_d \qquad (3-17)$$

因为，$\alpha \leqslant 1$，$1+\rho \leqslant 2\overline{R}$，单位交易成本 C_C 和 C_D 的值相对于项目收益极小，所以，可以认为 $T \geqslant 0$。

若选择 $r^* = \frac{\overline{R}}{\beta}(\frac{3}{2} + \sqrt{\frac{9}{4} - \frac{2T}{\overline{R}}}) - 1$，则存在 $\beta(1+r^*) > 2\overline{R}$ 的情况，

所以 $r^* = \frac{\overline{R}}{\beta}(\frac{3}{2} - \sqrt{\frac{9}{4} - \frac{2T}{\overline{R}}}) - 1$ 是更为合理的选择。

因此，民间借贷利率的解析解为

$$r^* = \frac{\overline{R}}{\beta}(\frac{3}{2} - \sqrt{\frac{9}{4} - \frac{2T}{\overline{R}}}) - 1 \qquad (3-18)$$

其中：$T = (1-\alpha)(2\overline{R}-1-\rho) + \beta(1+\rho) + \alpha C_c - (1-\alpha)C_d$。

第四节　结果分析

可以看出影响民间借贷利率的因素有正规金融市场利率 ρ，项目收益 $\overline{R}$，借款人议价能力 α，贷款占比 β，即 $r^* = r^*(\rho, \overline{R}, \alpha, \beta)$。下面，我们通过对该表达式的分析进一步讨论各因素对民间借贷利率决定的影响机制，并验证我们在第一节中提出的 5 个假说。

一、民间借贷利率与正规金融市场利率的关系

在假说一中，我们认为民间借贷利率与正规金融市场利率是正相关的，这也是温州民间借贷市场的真实状况，这里我们将通过对模型结果的分析以验证假说一的合理性。

$$\frac{\partial r^*}{\partial \rho} = -\frac{\bar{R}}{\beta} \frac{1}{2\sqrt{\frac{9}{4} - \frac{2T}{\bar{R}}}} (-\frac{2}{\bar{R}}) \frac{\partial T}{\partial \rho}$$

$$= \frac{1}{\beta} \frac{(\alpha + \beta - 1)}{\sqrt{\frac{9}{4} - \frac{2T}{\bar{R}}}} \qquad (3-19)$$

$$= \frac{1}{\beta} \frac{[\alpha - (1 - \beta)]}{\sqrt{\frac{9}{4} - \frac{2T}{\bar{R}}}}$$

可见，

当 $\alpha > 1 - \beta$ 时，$\frac{\partial r^*}{\partial \rho} > 0$ \qquad (3-20)

当 $\alpha < 1 - \beta$ 时，$\frac{\partial r^*}{\partial \rho} < 0$ \qquad (3-21)

上式表明民间借贷利率与正规金融市场利率并不一定正相关。

这个结论与我们的经验认识有所出入，理解的关键在于借款人议价能力的引入。合理的解释是：若非正规金融市场借款者的议价能力较弱，其议价能力会同时体现在正规金融和非正规金融两个市场，其借款需求在正规市场难以得到满足，此时正规金融市场对这类借款人而言意义不大，两者的利率也非同向变动关系。而当非正规金融市场中借款人的议价能力较强时，其具有在正规金融市场与民间金融市场之间进行选择的权利，使得这两个市场之间具有较好的联动性，表现为民间借贷利率与正规金融利率的同向变动关系。

假说一在此处并未得到完全的验证，说明温州民间借贷市场中借贷利率与正规金融利率的关系只表现出了理论上可能出现的情况中的一种。我们提出这一假说的基础是基于对温州民间借贷的监测数据的分析，因此模型的这一结论结合上述假设可以得到一个推论，即，温州民间借贷市场中的资金需求者拥有较高的议价能力，且具有在正规金融市场与民间金融市场间选择的权利，而并非我们认为的信贷市场中的弱势群体。

推论一：温州民间借贷市场中的资金需求者具有较高的议价能力。

　　这一推论揭示的现实意义是：造成中小企业融资困境的并非银行的信贷紧缩与配给政策，而温州民间借贷危机的真正原因也不是中小企业的融资困境，因为温州中小企业很可能并不存在融资困境。事实上，至 2011 年 6 月末，温州市累计有内资企业 97106 户，注册资本（金）3492 亿元。温州银行业本外币各项贷款余额 6023 亿元；另外，全市通过银行承兑汇票、委托贷款、小额贷款公司贷款和上市等渠道分别融资 138 亿元、21 亿元、24 亿元和 47 亿元；温州民间借贷市场上半年的估计规模约为 1100 亿元。据此可估算得出温州上半年社会融资总量（不完全）约为 7353 亿元，其中银行提供的流动性约为 6200 亿元，将近企业总注册资本金的两倍，资产负债率接近三分之二，属于高负债经营。这种算法虽不精确，却足以说明：在温州，正规金融体系对于中小企业的支持力度是很大的。民间借贷行为并非正规金融支持不足的结果，而是市场参与者的自主选择。

二、民间借贷利率与项目收益的关系

　　在假说二中，我们认为民间借贷利率与借贷资金投资收益正相关。在此，基于模型结果，我们对两者关系进行分析以验证假说二的准确性。

$$
\begin{aligned}
\frac{\partial r^*}{\partial \overline{R}} &= \frac{1}{\beta}\left(\frac{3}{2}-\sqrt{\frac{9}{4}-\frac{2T}{\overline{R}}}\right)+\frac{\overline{R}}{\beta}\frac{1}{\sqrt{\frac{9}{4}-\frac{2T}{\overline{R}}}}\frac{\partial \frac{T}{\overline{R}}}{\partial \overline{R}} \\
&= \frac{1}{\beta}\left(\frac{3}{2}-\sqrt{\frac{9}{4}-\frac{2T}{\overline{R}}}\right)+\frac{\overline{R}}{\beta}\frac{2(1-\alpha)\overline{R}-T}{\sqrt{\frac{9}{4}-\frac{2T}{\overline{R}}}} \qquad （3\text{-}22） \\
&= \frac{1}{\beta}\frac{\frac{3}{2}\sqrt{\frac{9}{4}-\frac{2T}{\overline{R}}}+2(1-\alpha)+\frac{T}{\overline{R}}-\frac{9}{4}}{\sqrt{\frac{9}{4}-\frac{2T}{\overline{R}}}}
\end{aligned}
$$

　　分析式（3-22）的分子项：

$$\frac{3}{2}\sqrt{\frac{9}{4}-\frac{2T}{\bar{R}}}+2(1-\alpha)+\frac{T}{\bar{R}}-\frac{9}{4} \qquad (3-23)$$

其中：$T=(1-\alpha)(2\bar{R}-1-\rho)+\beta(1+\rho)+\alpha C_c-(1-\alpha)C_d$，它随 α 的增大而减小，$\frac{3}{2}\sqrt{\frac{9}{4}-\frac{2T}{\bar{R}}}$ 项和 $\frac{T}{\bar{R}}$ 项随 α 的变动反向变化，可抵消部分 α 变动的影响，所以分子项变动的关键在于 $2(1-\alpha)$ 项。因此，这里我们并不能找出一个精确的点来划分借贷利率与项目收益的双向变动关系，只能定性地将其结果描述为：

当 α 较小时，$\dfrac{\partial r^*}{\partial \bar{R}}>0$ \qquad (3-24)

当 α 较大时，$\dfrac{\partial r^*}{\partial \bar{R}}<0$ \qquad (3-24')

这个结果表明，民间借贷利率和借款人项目投资收益的关系与借款人相对议价能力有关。当借款人议价能力较弱时，借贷利率与项目预期收益成正比；当借款人的议价能力较强时，借贷利率与项目预期收益成反比。

理解这个结果的关键在于对民间借贷利率与借贷双方议价能力各自的意义与相互关系的把握上：民间借贷利率反映的是借贷双方对项目收益的分配，而借款者议价能力反映了借款者在这个收益分配过程中的地位。当借款者议价能力较弱时，如果项目预期收益上升，贷款人就会利用其较强的议价能力，采取策略行为，攫取更多的利益，此时民间借贷的均衡利率便会处于较高水平；当借款者议价能力足够大时，若项目预期收益较高，借款人就会利用其议价能力分配到更多的利益，即民间借贷的均衡利率便会处于较高水平。

这在民间借贷市场中的具体表现是，在借款人议价能力（α）较弱的情况下，当借款人有一高预期收益（$\bar{R}$）的投资项目时，往往急于寻求资金而愿意接受较高的利率要求，贷款人则会抓住借款人的这一心理采取策略行为，即要求更高的借款利率（r^*）。而在借款人相对贷款人具有较高议价能力（α）时，这种情况便不会发生，而一个高的收益均值（$\bar{R}$）意味着贷款的安全性较高（收益服从均匀分布假设），贷款人也愿意接受较低的贷款利率（r^*）。

模型的这一结论说明假设二并非完全准确，我们基于温州民间借贷市场状况提出的假设只是民间借贷市场实际可能有的表现之一。这一结论结合上述假设我们可以得到一个推论，即温州民间借贷市场中的资金需求者议价能力较低。

推论二：温州民间借贷市场中的资金需求者议价能力较低。

从表面上看，这一推论与推论一截然相反，但我们通过对温州民间借贷市场的深入分析可以发现，这两个推论之间并不矛盾，而且恰恰说明了温州民间借贷市场存在的现实问题与温州民间借贷危机的根源。

在推论一的分析中，我们认为，温州民间借贷市场中的资金需求者具有在正规金融市场与民间金融市场间选择的权利，民间借贷行为并非正规金融支持不足的结果，而是市场参与者的自主选择。但正规金融支持是面向实体经济的，也就是将资金用于生产经营用途的资金需求者们，且正规金融机构贷款通常为抵押与担保贷款，手续较为复杂且耗时较多，但对于这些资金需求者是可以接受的。而推论二的情况出现在资金需求者们大多将资金用于个人投资乃至投机用途的情形下，这种资金需求通常没有充足的固定资产进行抵押，因而不易从正规金融体系中获得支持。

在第二章第四节对温州民间借贷现状的分析中，我们发现，许多企业家用借来的"昂贵"的资金进行了高风险的投资行为，如投资房地产、参与经营担保公司等。一方面，他们的这种资金需求在正规金融市场得不到满足；另一方面，这种资金需求又较一般资金需求迫切，高收益驱使他们接受高昂的资金成本，从而拥有较低的议价能力。一旦政府开始实施相关行业的调控政策，这些企业主快速获得高额利润的愿望落空，而由于其"不务正业"而导致的主业的萎缩使其无法产生足够利润以偿还高额的民间借贷利息，最终选择"跑路"来逃避债务责任。

三、民间借贷利率与借款者议价能力的关系

借款人议价能力 α 在我们的假说中并没有直接体现，但由于 $\alpha = \alpha(m,n,t,e,p)$，且我们已经假设了借款人议价能力与借贷双方规模、借款期限、借款紧急程度、借款人经营能力的关系。因此，我们可以通过研究民间借贷利率与借款人议价能力的关系间接确定民间借贷利率与这些因素之间的关系，并分析假说三、假说四、假说五的合理性。

证明：

$$\frac{\partial r^*}{\partial \alpha} = \frac{\bar{R}}{\beta} \frac{\frac{2}{\bar{R}}(1+\rho-2\bar{R})}{2\sqrt{\frac{9}{4}-\frac{2T}{\bar{R}}}} \tag{3-25}$$

$$= \frac{(1+\rho-2\bar{R})}{\beta\sqrt{\frac{9}{4}-\frac{2T}{\bar{R}}}}$$

因为 $1+\rho < 2\bar{R}$，

所以 $\dfrac{\partial r^*}{\partial \alpha} < 0$。 $\tag{3-26}$

上式意味着民间借贷利率与借款者的议价能力负相关。

在民间借贷利率的决定过程中，如果借款者的谈判能力较强，他就可以为自己争取更多的利益，使自己能用较低的利率筹集资金。

另外，由于谈判能力受到借款人数 m 和贷款人数 n、贷款期限 t、贷款紧急程度 e，借款人的经营能力 p 的影响，因此可以分别分析这些因素对民间借贷利率的影响。

首先，由于 $\dfrac{\partial \alpha}{\partial m} < 0$，因此，民间借贷利率与借款人数成正比。当借款人数是这个市场的需求方，且需求增多时，需求曲线 D 向右移动，此时借款人议价能力较强，借款利率就会比较低。

同时，由于 $\dfrac{\partial \alpha}{\partial n} > 0$，因此民间借贷利率与贷款人数成正比。当贷款人数是这个市场的供给方，且供给增多时，需求曲线 S 向左移动，此时

借款人议价能力较弱，借款利率就会比较高。

其次，由于 $\dfrac{\partial \alpha}{\partial t} < 0$，因此民间借贷利率与借贷期限成正相关。当借款者需要的资金期限较长时，资金运用的风险便会上升，放贷人会要求更高的贷款利率作为风险补偿，此时借款人的议价能力相对较弱，愿意接受较高的利率。假说三得到证明。

再次，由于 $\dfrac{\partial \alpha}{\partial e} < 0$，因此民间借贷利率与贷款紧急程度正相关。民间借贷利率是借款人议价能力的减函数。若借款人当时急需资金来进行项目投资，则其议价能力明显较弱，只能接受较高的借款利率。假说四得到证明。

最后，由于 $\dfrac{\partial \alpha}{\partial p} > 0$，因此民间借贷利率与借款人经营能力负相关。如果借款人的经营能力较强，则放贷人投入资金的安全性就较高，便可接受较低的贷款利率水平。假说五得到证明。

在本模型中，假设借款人议价能力与借款期限成反比。而事实上，在民间金融市场上，贷款期限与借款人相对议价能力之间的关系并不是单向的，两者之间可能是同向变动关系，也可能是反向变动关系，其具体关系取决于资金供给方的期限偏好。若放贷人（即资金供给方）偏好短期借贷行为，则借款人议价能力与贷款期限成反向变动关系；若放贷人偏好长期借贷行为，则借款人议价能力与贷款期限成正向变动关系。一般来说，放贷人偏好短期资金借贷，但也存在一些放贷人偏好长期资金借贷的情况，可能的原因有很多 [1]。放贷人不同的期限偏好导致贷款期限对借款人议价能力产生不同影响，最终影响借贷利率，这便是我们在第二章第四节得到的多种形状的民间借贷利率期限结构的内在形成机制。

至此，本篇的 5 个假说均已得到证明。我们发现，民间借贷利率与各变量之间的关系并不都是我们认为的单向变动关系，而存在着在其他

---

① 详见第一章第四节。

因素作用下的双向变动关系。

四、民间借贷利率与贷款占比之间的关系

接下来的两个命题是模型的两个额外的结论，虽然不在我们基于温州民间借贷利率现状提出的假说范围内，但对于一般意义上的民间借贷利率决定机制具有重要的意义。因此，我们在这里进行了较为系统的分析讨论。

民间借贷利率与贷款占比的关系并不在我们的假说范围内，但贷款比例的安排对企业的生产经营活动具有重要的影响，因而也属于民间借贷利率决定机制的组成部分，故在此略加探讨。

证明：

$$\frac{\partial r^*}{\partial \beta} = \bar{R} \times \frac{\beta \times \dfrac{1+\rho}{\bar{R}\sqrt{\dfrac{9}{4}-\dfrac{2T}{\bar{R}}}} - \left(\dfrac{3}{2}-\sqrt{\dfrac{9}{4}-\dfrac{2T}{\bar{R}}}\right)}{\beta^2} \qquad (3\text{-}27)$$

$$= \frac{\dfrac{1+\rho}{\sqrt{\dfrac{9}{4}-\dfrac{2T}{\bar{R}}}} - \dfrac{\bar{R}}{\beta}\left(\dfrac{3}{2}-\sqrt{\dfrac{9}{4}-\dfrac{2T}{\bar{R}}}\right)}{\beta}$$

令 $1+r^* = \dfrac{\bar{R}}{\beta}\left(\dfrac{3}{2}-\sqrt{\dfrac{9}{4}-\dfrac{2T}{\bar{R}}}\right)$，

则有

$$\frac{\partial r^*}{\partial \beta} = \frac{\dfrac{1+\rho}{\sqrt{\dfrac{9}{4}-\dfrac{2T}{\bar{R}}}} - (1+r^*)}{\beta} \qquad (3\text{-}27')$$

所以，当 $r^* < \dfrac{1+\rho}{\sqrt{\dfrac{9}{4}-\dfrac{2T}{\bar{R}}}} - 1$ 时，

$$\frac{\partial r^*}{\partial \beta} > 0 \quad\quad\quad (3\text{-}28)$$

当 $r^* > \dfrac{1+\rho}{\sqrt{\dfrac{9}{4} - \dfrac{2T}{R}}} - 1$ 时，

$$\frac{\partial r^*}{\partial \beta} < 0 \quad\quad\quad (3\text{-}29)$$

上式表明，民间借款利率与贷款占比呈非单向变动关系，具体应该视利率水平而定。

在民间借贷利率水平较低甚至为零时，借款人通过民间金融市场获得资金的成本低于其他融资渠道的成本，且低于其投资项目的预期收益，此时这种廉价资金对于借款人来说多多益善，因此借款人愿意以提高借款利率为代价取得更多的资金，从而攫取更多超额利润。因为只要民间借贷利率没有高到完全吞噬其超额利润的程度，借款人通常选择接受较高的资金成本并扩大贷款规模以维持或扩张其生产经营规模。

当民间借贷利率水平较高，使借款人的超额利润开始下降甚至不能获得超额利润时，借款人将选择资金成本相对较低的融资渠道或直接缩减投资以保持其超额利润，此时民间借贷的贷款占比随利率的上升而下降。另外，若民间借贷利率水平很高，远超同期正规金融市场利率，同时也意味着市场整体资金紧张，供不应求。此时，项目持有人的贷款占比越低，则其自有资金比例越高，因正规金融市场报酬率较低，为了利用这部分资金得到超额利润，常常被迫接受放贷者的高利率要求借入资金进行项目投资。而这种现象在资金供给相对宽裕时则不会出现，因为此时借款者可以较轻易地转向正规金融市场获取资金，从而拒绝接受放贷者的高利率要求。

五、民间借贷利率与交易成本的关系

民间借贷利率与交易成本的关系不在我们的假说范围之内，却是民

间借贷利率的重要影响因素，交易成本优势本就是民间借贷市场得以存在的重要原因之一。模型区分借款人交易成本与放贷人交易成本进行了分析。

证明：

$$\frac{\partial r^*}{\partial C_d} = \frac{\partial r^*}{\partial T} \times \frac{\partial T}{\partial C_d}$$

$$= -\frac{\overline{R}}{\beta} \times \frac{-\dfrac{2}{\overline{R}}}{\sqrt{\dfrac{9}{4} - \dfrac{2T}{\overline{R}}}} \times [-(1-\alpha)] \qquad (3\text{-}30)$$

$$= -\frac{1}{\beta \sqrt{\dfrac{9}{4} - \dfrac{2T}{\overline{R}}}} \times (1-\alpha) < 0$$

$$\frac{\partial r^*}{\partial C_c} = \frac{\partial r^*}{\partial T} \times \frac{\partial T}{\partial C_c}$$

$$= -\frac{\overline{R}}{\beta} \times \frac{-\dfrac{2}{\overline{R}}}{\sqrt{\dfrac{9}{4} - \dfrac{2T}{\overline{R}}}} \times \alpha \qquad (3\text{-}31)$$

$$= \frac{1}{\beta \sqrt{\dfrac{9}{4} - \dfrac{2T}{\overline{R}}}} \times \alpha > 0$$

上式表明，民间借贷利率与借款人交易成本成反比，与放贷人交易成本成正比。

在民间借贷行为发生过程中，借款人的交易成本愈高，则其最终净收益愈低，此时，借款人必须制订较低的借款利率以保证自己的获利水平；同理，放贷者的交易成本愈高，其最终净收益就愈低，则其必然会要求较高的利率作为补偿。

交易成本的降低是民间借贷存在的一个充分条件，以血缘、地缘、业缘关系为基础的民间借贷能够有效地减少信息成本，从而降低民间借贷的外生交易成本与内生交易成本 ①，使得民间借贷不只是借贷双方的被动行为，而成为一种利益最大化的自主选择。虽然民间借贷具有较低的交易成本，但交易成本仍然对民间借贷利率具有重要的影响。命题五则说明了交易成本对于民间借贷利率的具体影响，即民间借贷利率与借款人交易成本成反比，与放贷人交易成本成正比。

① 在民间借贷中，外生交易成本包括交通费用、时间耗费、精力耗费等，内生交易成本主要来自信息成本。

第二篇
民间借贷利率期限结构研究

　　中国人民银行温州市中心支行监测的民间借贷利率数据显示，民间借贷利率的期限结构呈现 U 型，与正规金融市场向上倾斜的利率期限结构存在明显差异。具体而言，借贷期限在 1 年以内的短期利率中期限较长的利率低于期限短的利率，而 1 年以上的利率期限结构是上倾的。这种短期内倒挂的利率期限结构在我们的样本期内多次出现，说明在民间借贷市场上期限结构倒挂现象具有一定的普遍性。

　　因此，我们以温州为例，分析民间借贷利率期限结构特点并运用利率模型刻画其动态特征，以助于人们更好地把握民间借贷利率的变化规律，并在利率动态模型的基础上构造利率风险的免疫组合策略。这项研究对于我国民间金融市场的完善，以及对民间借贷风险进行定量化的管理都有重要的理论和现实意义。

　　我们首先分析了温州民间借贷利率期限结构的特点，并结合利率期限结构理论，解释温州民间借贷利率期限结构出现异常的原因。然后，通过实证分析，得出温州民间借贷利率的动态特征与拟合模型。最后从完善民间借贷市场的角度，对我国民间金融利率阳光化与利率水平合理化提出政策建议。

本篇主要结论为：（1）我国民间借贷利率期限结构呈现 U 型特征，同时还存在短期利率倒挂、利率分布存在明显的右偏和尖峰厚尾性的特点。（2）借贷期限在 1 个月以内的民间借贷利率序列具有均值回复性、条件异方差性的特点，但水平效应不显著，其波动特征可通过 CKLS 基本模型进行刻画。（3）借贷期限在 1—6 个月的民间借贷利率序列存在条件异方差性和水平效应，但均值回复性和外部信息冲击效应均不显著。嵌入非线性漂移因子和 GARCH（1,1）过程的 CKLS 扩展模型能更好地刻画其动态特征。（4）借贷期限在 6—12 个月的民间借贷利率序列具有条件异方差性，水平效应十分显著。均值回复性和外部信息冲击效应均不显著。CKLS 基本模型能更好地拟合样本数据。（5）借贷期限在 1 年以上的民间借贷利率序列水平效应显著，条件异方差性、均值回复性以及外部信息冲击效应均不显著。传统的 CKLS 模型能较好地拟合样本数据。（6）GARCH（1,1）模型参数估计值存在 $\beta_1 + \theta_1 < 1$ 的情况，在拟合民间借贷利率上表现不稳定。

第四章
利率期限结构相关理论、模型与实证研究回顾

第一节　利率期限结构理论及实证研究

一、纯预期理论

　　纯预期理论认为利率期限结构的形状完全取决于市场对未来利率的预期，长期利率为其期限内当前和未来市场预期的短期利率的几何平均值。因此，如果市场预期未来的短期利率将上升，则利率期限结构呈上倾型；如果市场预期未来的短期利率将小于当前的短期利率，则利率期限结构呈下倾型；如果市场预期当前和未来的短期利率保持不变或微小变化，则利率期限结构为水平型。该理论假设投资者没有期限偏好，投资行为完全取决于预期收益；市场对未来利率变动都有相同的预期；不同期限的债券之间可以完全替代；金融市场完全竞争，且不存在交易

费用。

在实证中，市场预期假设是经常被用来检验利率期限结构形状的经济学理论。

Mankiw & Miron（1986）将历史资料划分为不同的时段，并考虑央行利率政策的影响，对利率期限结构的市场预期假设进行了实证检验。结果表明，在美联储成立之后短期利率服从随机游走过程，市场预期假设不再成立。Bekaert & Hodrick（2001）应用不同的检验方法发现预期理论对各国数据的解释并不相同。Thornton（2004）在利率平稳和非平稳的两种假设前提下，运用 VAR 模型对日本国债市场数据进行检验。结果发现，在利率平稳的假定下预期理论不能得到支持，但在利率非平稳性条件下，如果短期利率与长期利率存在协整关系，则预期理论在一定程度上是成立的。

国内国债市场发展较晚，获得较长时间利率数据存在一定难度，因此对市场预期假设理论进行实证的研究相对较少。唐齐鸣和高翔（2002）的实证研究表明同业拆借利率基本上符合市场预期理论，利差可以较好地预测未来利率的变动。而范龙振和王晓丽（2004）检验了预期假设对中国上交所国债市场的解释能力，结果发现预期假设不成立。

综合以上实证结果，预期理论是否有效的检验结论并不统一。纯预期理论不成立的原因可能是理性人假设违背现实，也可能是在现有实证数据条件下，能够反映风险溢价的变量被忽略所致。

二、流动性偏好理论

流动性偏好理论肯定了预期的作用，认为远期利率是预期未来利率和流动性溢价之和。该理论假定投资者都是风险厌恶者，要求对承担额外风险进行报酬补偿；投资者偏向于流动性好、利率变动风险较小的短期债券，从而长期债券需要有正的流动性溢价才能吸引投资者；不同到期期限债券的收益率会彼此影响。根据流动性偏好理论，水平和下倾的利率期限结构表明预期未来即期利率下降；而由于流动性溢价为正，故上倾的利率期限结构表明预期市场利率可能不变、上升或下降。

流动性偏好理论阐述了利率期限结构不同形状的成因，并通过假定投资者偏好于短期投资，引入流动性溢价，解释了利率期限结构通常是向上倾斜的曲线这一经验事实。

郑振龙和林海（2003）在对中国利率期限结构静态估计的基础上，以通用模型对中国市场利率的流动性溢价进行实证分析，结果表明中国存在较为明显的流动性溢价且随着期限的延长而上升，短期利率流动性溢价会随着时间的变化而不断地变动，而较长期的流动性溢价则比较稳定。

三、市场分割理论

市场分割理论认为，利率期限结构不取决于市场对未来短期利率的预期，而是由互相分割的长、中、短期债券市场根据各自的供求状况分别决定的。市场分割理论假定市场参与者存在特定的不受收益率影响的期限偏好，期限不同的债券是完全不可替代的，债券市场完全由机构投资者所主导。如果期限结构曲线向下倾斜，则表明对短期债券的需求大于长期债券。通常情况下，作为市场主导的机构投资者更愿意持有长期债券。因此，利率期限结构通常呈向上倾斜的形态。

市场分割理论解释了期限偏好在利率期限结构形成中的作用，解释了不同期限结构产生的原因以及通常情况下其是向上倾斜的，但该理论假定投资者的期限偏好固定不变，与投资者追求利润最大化的目标相悖，也不能解释不同收益率直接的联动性。此外，随着金融市场的发展、技术进步、市场交易规模的持续扩大，长短期债券市场的一体化趋势已大大加强，而市场分割假设逐渐背离现实，对该理论的实证检验也较少。尽管如此，在明显存在期限偏好的特定市场环境中，主张供求决定利率的市场分割理论也能发挥利率预测的功能。

四、优先偏好理论

优先偏好理论认为，期限结构同时反映未来利率的预期和风险溢价，但风险溢价的符号可正可负；它肯定了市场分割理论提出的期限偏好，但认为这种偏好会因其他期限的证券具有更高预期收益率而改变。优先偏好理论综合考虑了市场利率预期、风险溢价及投资者的期限偏好等因素，能较好地解释经验事实。

Engle，Lilien，Robins（1987）利用 ARCH 模型刻画了美国短期国债利率期限溢价的变化特征。Steeley（1997）运用利率期限结构的两因子模型对英国 1982 年至 1996 年的即期和远期利率进行实证检验，发现风险溢价与到期日呈线性正相关，而方差偏差则是负相关；随着时间的推移，利率风险溢价从平均来说呈下降趋势。Cuthbertson & Nitzsche（2003）结合过度持有期收益对优先偏好理论进行实证检验，在一定程度上刻画了中长期利率的期限结构。Jongen，Wolff，Verschoor（2011）实证地考察了 20 个国家的短期存款利率。结果证明，短期存款利率存在波动较为强烈的风险溢价，且 ARMA 模型能在很大程度上解释风险溢价的变化特征。

第二节　利率期限结构模型及实证研究

利率期限结构模型是指为了研究特定时间范围内利率的随机波动而建立的模型。利率的变动主要取决于利率水平、利率波动率、利率波动速率等因素。在金融理论中，通常假设瞬时利率的变化满足一定的随机微分方程。利率期限结构模型分为静态模型与动态模型。前者描述某一时点不同期限的收益率曲线，后者刻画的是一定时期的利率波动特征。

按照模型的推导过程，利率期限结构模型可以分为无套利模型和均衡模型。在无套利模型中，利率由相关资产满足无套利条件所决定。均衡模型主要基于流动性偏好理论，根据市场的均衡条件求出利率所必须遵循的过程。在均衡模型中，相关的经济变量是输入变量，利率水平是输出变量。这些模型能在一定程度上拟合历史数据，并指出其未来可能的变动。根据均衡模型中所设定的影响因子的多少，一般将其分为单因子模型和多因子模型。基于本篇研究内容，我们仅对均衡模型中的单因子扩散模型予以介绍。

首先说明利率期限结构模型是如何描述收益率曲线的变动的。

一、利率期限结构变动的模型表示

利率期限结构是指在违约风险、流动性及税收因素相同的情况下，利率的大小与其到期日的时间长短间的关系。对于风险相同的债券，我们都可以考察其利率期限结构。利率期限结构用收益率曲线表示。

收益率曲线的变动是指在一个相对较短的时间间隔（ $dr_t = u(r_t,\theta)dt + \sigma(r_t,\theta)dw_t$ ）内收益率曲线形状的变化，包括整体平行移动、斜率变动和曲率变动三种形式。整体平行移动表示到期期限内的平行移动；斜率变动表示收益率曲线的非平行移动，短期利率下降时长期利率上升，反之亦是；曲率变动表示收益率曲线的三个分割的变化，中期利率下降时，长期和短期利率上升，反之亦是。这三种变化可以解释超过 97.7% 的历史收益率曲线的变动。从历史数据来看，收益率曲线的形状和利率水平是联系在一起的。收益率曲线的每次变动都可以用利率模型来表述[①]。

在利率变动的模型表示上，如果利率变动过程服从 $dr = u(r,t)dt + \sigma dZ$ ，则利率服从正态模型，利率波动率独立于短期利率水平。如果变动过程服从：

$$\sigma(r_t,\theta) \qquad (4\text{-}1)$$

则利率服从对数正态模型，利率的波动率与利率水平 dw_t 成比例，利率水平越高，利率波动越大；利率水平越低，利率波动越小，特别是当利率水平为 0 时，波动率会人为地变小，这样利率水平就不可能为负。对数正态过程可以写为

$$r_t = r = \int_0^T u(r_s)ds + \int_0^T \sigma(r_s)dW_s \qquad (4\text{-}2)$$

收益率曲线的变动既是正态的又是对数正态的，服从于何种分布要

---

① 霍（T.S.Y.Ho）、李尚斌：《金融建模：应用于资本市场、公司金融、风险管理与金融机构》，蔡明超、张健、季俊哲译，上海财经大学出版社 2007 年版。

看利率水平。

二、利率期限结构的动态特征

利率模型中的利率是瞬时即期利率，瞬时即期利率在市场上无法得到其观察值，一般用短期利率近似代替即期利率估计模型参数。短期利率具有非负性、均值回复性和水平效应，其动态特征包括波动率的期限相关性、异方差性、利率的均值回复性和水平效应。

首先，利率波动率衡量利率的不确定性，是指在一个较短的时间间隔内利率百分比变化的标准差。收益率曲线上不同期限的利率的波动率并不都相同。波动率和期限结构之间的关系即称为波动率的期限结构，可以由历史数据估计得出。根据正态模型，时间间隔 γ 的标准差用公式表示为

$$\sigma(t,T) = \sigma(\Delta r(t,T)) / \sqrt{\Delta t} \qquad (4\text{-}3)$$

其中，$r(t,T)$ 是到期期限为 T 的零息债券在时刻 t 的到期收益率。类似地，根据对数正态模型，利率波动率与利率水平成正比被称为利率的水平效应。波动率的期限结构可以表示为

$$\sigma(t,T) = \sigma(\frac{\Delta r(t,T)}{r(t,T)}) / \sqrt{\Delta t} \qquad (4\text{-}4)$$

短期利率的波动率具有异方差性，即不同的利率绝对率水平上，利率的波动率的方差不同，收益率曲线短端的利率通常具有更高的波动率。

其次，利率的均值回复性是指当利率水平特别高时，利率更倾向于下降；反之，则更倾向于上升。而水平效应是指利率的波动率与利率水平成正比。

三、单因子扩散模型介绍

在单因子模型中，瞬时短期利率是唯一能反映经济演化的状态变量，若瞬时短期利率变化，收益率曲线也随之变化。瞬时即期利率在市场上无法得到其观察值，一般用短期利率近似代替即期利率估计模型参数。

一般假设瞬时利率 r_t 的变化遵循随机微分方程：

$$dr_t = u(r_t, \theta)dt + \sigma(r_t, \theta)dw_t \qquad (4\text{-}5)$$

其中，$u(r_t, \theta)$ 是漂移项，表示利率变化的瞬时期望；$\sigma(r_t, \theta)$ 是扩散项，表示利率变化的瞬时波动；dw_t 是维纳过程，表示对短期利率的随机扰动。

公式（4-5）表明短期布朗运动的变化可以分解为在时间区间 $(t, t+dt)$ 内的漂移量 $u(r_t, \theta)dt$ 和布朗运动代表的随机冲击 dw_t，随机冲击对利率变化的影响用瞬时波动性 $\sigma(r_t, \theta)$ 衡量。$u(r_t, \theta)dt$ 和 $\sigma(r_t, \theta)$ 只和当前利率 r_t 有关，即利率具有无记忆性，当前利率包含了过去全部利率的信息，而过去的记忆对未来的利率预测毫无帮助，利率变化是随机游走的。

公式（4-5）的积分形式为

$$r_t = r = \int_0^T u(r_s)ds + \int_0^T \sigma(r_s)dW_s \qquad (4\text{-}6)$$

最基本的单因子模型是 Merton 模型、Vasicek 模型和 CIR 模型。Merton 在 1970 年最早用动态连续时间模型描述利率期限结构，而 Vasicek 在 1977 年首先用局部均衡分析推出瞬时利率可以用动态连续时间模型描述。CIR 模型是第一个一般均衡分析下的瞬时利率动态连续时间模型。Visicek 和 CIR 的分析，为用动态连续模型描述瞬时利率奠定了理论基础。

Merton 模型假设利率过程是带漂移项的简单布朗运动，由于瞬时利率过程是正态过程，因而瞬时利率为负的概率大于零，这意味着市场中存在套利机会。且该模型未能体现利率的均值回复特征。

相比 Merton 模型，Vasicek 模型就具有了这种均值回复的性质，但该模型中所有的参数都假设为常数，不随时间变化，因此没有考虑利率水平对波动率变动的影响及波动率自身的 GARCH 效应。该模型的另外一个缺陷是在模拟计算过程中，利率可能出现为负的情况，这显然与现实情况不符。

　　为了避免 Vasicek 模型中利率为负的缺陷，CIR（Cox，Ingersoll，Ross，1985）在一个跨期的资产市场均衡模型中对利率的期限结构模型进行了研究，用平方根过程描述利率变化并提出了一个利率总是非负值的模型。CIR 模型与 Vasicek 模型具有同样的均值回复过程，但随机项的标准差和 r 成正比例，即标准差随着短期利率的升降而升降，表现出均值回复和水平效应，即利率波动率的绝对值随利率的升高而增大。CIR 模型的优点是考虑了利率不为负的情况，同时该模型全面考虑了各种影响利率的因素，和 Vasicek 模型一样，收益率曲线的形状可以向上倾斜、向下倾斜或者稍为隆起。但是该模型过于复杂，在估算相关的经济参数和进行预测方面比较困难。

　　Chan，Karolyi，Longstaff，et al.（1992）提出一个描述短期利率动态变化的一般的随机微分方程（简称为 CKLS 模型），为众多不同的利率期限结构模型建立了一个共同框架，并通过广义矩方法（GMM）对美国短期利率的随机行为进行了实证研究，估计出利率敏感系数为 1.499。

　　根据 CKLS 模型的观点，利率总是在对其偏离长期均值的过程中进行修正（γ 表示修正的速度），而随机波动则不断对这种修正作用进行干扰。利率变动就是在这两种作用的共同推动下进行的。CKLS 模型本质上是包含常数弹性方差 σr_{t-1}^{γ} 的模型（CEV），在 CKLS 模型上加参数的不同限制即得到其他单因子模型，如表 4-1 所示。

表 4-1　主要单因子利率期限结构模型及参数

序号	模型	表达式	参数			
			α_0	α_1	σ	γ
1	Merton	$dr_t = \alpha_0 + \sigma dw_t$		0		0
2	Vasicek	$dr_t = \alpha_0 + \alpha_1 r_{t-1} dt + \sigma dw_t$				0
3	CIR SR	$dr_t = \alpha_0 + \alpha_1 r_{t-1} dt + \sigma \sqrt{r} dw_t$				1/2
4	Dothan	$dr_t = \sigma r dw_t$	0	0		1
5	GBM	$dr_t = \alpha_1 r_{t-1} dt + \sigma r dw_t$	0			1
6	Brennan-Schwartz	$dr_t = \alpha_0 + \alpha_1 r_{t-1} dt + \sigma r dw_t$				1

续　表

序号	模型	表达式	参数			
			α_0	α_1	σ	γ
7	CIR VR	$dr_t = \sigma^{3/2} dw_t$	0	0		3/2
8	CEV	$dr_t = \alpha_1 r_{t-1} dt + \sigma r^\gamma dw_t$	0			
9	CKLS	$dr_t = \alpha_0 + \alpha_1 r_{t-1} dt + \sigma r_{t-1}^\gamma dw_t$				

以上单因子扩散模型能够说明利率的均值回复性和"水平效应"（即利率波动受到利率水平的影响），但是，要刻画更为复杂的利率动态特征如非线性漂移、波动群聚现象、利率变动的非正态性、尖峰厚尾等特征还得在 CKLS 模型基础上进行，以构建扩展更为复杂的多因素模型。

第三节　国内外实证研究回顾

一、关于模型选择

单因子扩散模型通常可以分为线性模型（如 Metern 模型和 Vasicek 模型）和非线性模型（如 CIR 模型和 CKLS 模型）。这两类模型的共同点是漂移项都是利率的线性函数，区别在于线性模型的波动项是与利率无关的常数，而非线性模型的波动项是利率的函数。

Longstaff & Schwartz（1992）在 CIR 模型的基础上考虑了短期利率及其波动率的双因素均衡模型，并用 GMM 方法使模型在实证中得到支持。

Ball & Torous（1996）对 CIR 模型以及 Brennan-Schwartz 的两因子模型中的利率时间序列单位根问题进行分析，发现当利率服从均值回归过程时，可以运用一般的期限结构模型进行描述；但是如果利率服从单位根过程，一般的模型就不再适用了。

谢赤和吴雄伟（2002）运用 Vasicek 模型和 CIR 模型对 30 天的银行间同业拆借利率进行估计，使用 GMM 估计方法估计了均值回复速度和波动率，认为 Vasicek 模型更适用于中国。

吴雄伟和谢赤（2002）运用 ARCH 模型和非对称的 GARCH 模型对银行间 3 个月回购利率进行预测分析，结论是非对称性 GARCH 模型能较好地描述回购利率的波动性。

傅曼丽、屠梅曾和董荣杰（2005）改进了多因子 Vasieek 利率模型状态因子非相关性假定，推导出新的单因子与双因子 Vasicek 状态空间利率模型及相应参数估计方法，实证发现改进的双因子 Vasieek 利率模型较准确地描述了利率期限结构的动态变化特征。

郑尧天和杜子平（2007）运用 GARCH 类模型对我国同业拆借市场的利率进行检验，发现 EGARCH（1,3）模型拟合与短期预测效果最好。

吴恒煜、陈鹏和杨启敏（2008）运用 GARCH 类模型与单因子扩散模型两类常用的短期利率模型对我国银行间国债隔夜回购利率进行实证研究，结果表明短期利率波动存在明显的非对称性。在预测波动率水平时 GARCH 类模型较好；而扩散类模型由于具有马尔科夫性在衍生产品定价上具有优势。

张晓娟、常彤和纪礼文（2010）采用动态单因素模型中的 CKLS 模型，对 CHIBOR 月度利率的动态特征进行实证研究。发现 CKLS 模型能较好地捕捉到除期限为 4 个月外的各期限利率动态规律的基本特征，且模型估计方法简便，较为实用。

潘璐和马俊海（2011）通过实证分析，发现 GARCH 模型和 TGARCH 模型可以应用于我国的 Shibor 期限结构。

综合以上文献可知，在模型的适用性和准确性上，国内对利率期限结构模型实证研究还没有形成一致的结论，不同的利率模型对不同类型和样本期间利率数据的刻画都各有千秋。其中 GARCH 类模型能改善对短期利率波动性的拟合情况。

国内相关研究集中在用模型来描述刻画短期利率的动态行为特征并对模型进行实证分析上，也对基本模型的改进做了很多尝试，但既有文献较少地将 GARCH 模型与 CKLS 模型相结合，以全面地检验利率的漂移项和波动项。

二、关于模型漂移项

Ait-Sahalia（1996）通过经验数据密度的非参数估计得到的隐含无条件密度对短期利率参数模型进行比较，发现欧元7天短期利率的漂移项存在显著的非线性，漂移项是模型设定中的决定性因素。

Stanton（1997）运用非参数估计方法研究了美国3个月国库券利率并估计了短期利率的漂移项和扩散项，认为扩散项与CKLS（1992）模型一致而漂移项存在着显著的非线性。

Chapman & Pearson（2000）通过蒙特卡罗实证发现非线性漂移项并不能很好地应用于短期利率数据。

Durham & Gallant（2002）对不同的期限结构模型进行实证检验，结果表明改变漂移项不会影响模型表现，随机波动率的寻租能够提高模型的拟合程度。Durham（2003）检验了单因子模型，发现模型中波动项的设定远远比漂移项重要，且在漂移项中增加额外的参数设定对提高模型的拟合程度影响很小。

潘冠中和邵斌（2004）运用极大似然法对银行间7天拆借利率进行估计，认为利率的均值回复效应和水平效应均显著。

任兆璋和彭化非（2005）应用时间序列模型分析了我国的同业拆借利率期限结构，发现其期限结构具有很强的普遍波动持续现象，且漂移项存在明显的不对称性。

董乐（2006）主要检验了利率模型的均值回复特征，发现利率处于较高水平时，其回落速度较慢，波动性较大；当处于较低水平时，其反弹速度较快，波动性较小。

从以上研究可以看出，关于漂移项在模型中的重要程度以及漂移项的结构，不同文献基于各自所研究的利率给出了不同的观点。漂移项的不同假设对影响差别不大，利率的变动一般有均值回复效应，但有关均值回复的具体函数形式仍存在着较大的分歧。在漂移项上所做的扩展包括嵌入非线性漂移项，如短期瞬时利率的倒数项、平方项、对数项等。而大多数文献只考虑线性漂移，对于非线性漂移的实证证据较少。

三、关于模型波动项

Brenner，Harjes，Kroner（1996）在 CKLS 模型中引入了带水平效应的 Level-GARCH 模型，刻画了水平效应和信息冲击对利率动态模型的影响。

Andersen & Lund（1997）在 CKLS 模型基础上引入随机波动因素，他们的实证结果表明美国短期利率存在均值回复、水平效应以及扩散项的随机波动性，同时带水平效应的 Level-EGARCH 模型比 GARCH 模型拥有更好的拟合效果。

Bali（2003）研究了单因子和双因子随机波动率模型，认为加入随机波动率的新模型比扩散模型更能预测利率变化的未来波动率，并通过对 3 个月和 6 个月的零息票债券隐含收益率进行蒙特卡罗模拟的结果发现，在波动率中引入的水平效应和 GARCH 效应能改善利率模型的定价能力。

朱世武和陈健恒（2003）采用多项式样条拟合上海证券交易所国债利率期限结构，并对利率波动特征进行主成分分析，发现中国利率期限结构波动的主成分分别为利率水平、波动率和波动速率三个因素。

陈学胜（2006）对加入跳跃过程的 CKLS 模型进行的实证检验，发现相比传统 CKLS 模型，该模型能更好地拟合实际数据。

从上述文献可知，波动率是利率期限结构模型的重要因素。利率波动可能是随机过程，也可能是 GARCH 过程，一般可用波动率和波动速度来描述，也可能与利率水平有关。在波动项上所做的扩展包括引入 GARCH 过程、机制转换以及跳跃机制，并同时考虑随机波动方程中常数项、滞后一阶项及方差的机制转换。较多实证证据表明，GARCH 效应的引入能改进利率期限结构模型的拟合情况。

针对现有研究的不足，本书拟选取单因子 CKLS 模型并对其波动项和线性漂移项进行扩展，以求全面准确地描述民间借贷利率期限结构的动态特征。模型构建过程参见后文。

第五章

民间借贷利率期限结构特征分析

    我们通过描述性统计分析和趋势分析揭示民间借贷利率数据的统计特征，揭示民间借贷利率期限结构的异常性，主要目的是为实证分析中 CKLS 扩展模型的构建提供依据。此外，本章还结合利率期限结构理论，分析了民间借贷利率及其期限结构的影响因素，以期为期限结构异常现象提供一些经济学解释。

    我们的数据来自中国人民银行温州市中心支行和杭州中心支行民间借贷利率监测表①，样本期间为 2003 年 1 月至 2011 年 11 月。由于统计的民间借贷利率为单利，因此先将其转化为连续复利，转换公式为

$$r_t = \frac{1}{T-t} \times \ln[1 + R_t(T-t)] \qquad (5\text{-}1)$$

---

① 民间借贷利率监测表中利率数据均以月息表示，为方便研究，从本章开始，文中所用民间借贷利率除特别说明，均为年化利率。

其中，$T-t$ 为拆借期限除以 360 天，t 为当前时刻，T 为到期时刻，R_t 为对应单利率，r_t 为对应连续年复利。

第一节　描述性统计分析

本节通过民间借贷利率的描述性统计指标分析其序列特征。首先，定义借贷期限在 1 个月内（含）的利率序列为 R1，期限在 1—6 个月（含）的利率序列为 R2，6—12 个月（含）的利率序列为 R3，12 个月（1 年以上）的利率序列为 R4。

表 5-1　各期限利率的描述性统计指标

	均值	最大值	最小值	标准差	偏度	峰度	J-B 统计量
R1	12.23	25.05	5.05	4.38	1.19	3.66	34.202
R2	11.43	18.07	8.14	2.55	0.89	2.87	15.735
R3	10.60	16.98	8.21	1.75	1.28	4.51	45.671
R4	10.70	16.51	8.22	2.16	1.00	3.27	20.462
R	14.096	22.492	10.699	2.994	1.203	3.881	29.014

注：（1）样本数据从 2003 年 1 月至 2011 年 11 月，共 107 个，其中有效数据 106 个。（2）R1 为 1 个月内的民间借贷利率，R2 为 1—6 个月的民间借贷利率，R3 为 6—12 个月的民间借贷利率，R4 为 1 年以上的民间借贷利率，R 为加权平均利率。（3）本篇所用民间借贷利率均为年化利率。

根据表 5-1 中关于民间借贷利率数据的描述性统计指标，可知民间借贷利率不服从正态分布。图 5-1 更直观地给出不同期限利率各项统计指标的对比。

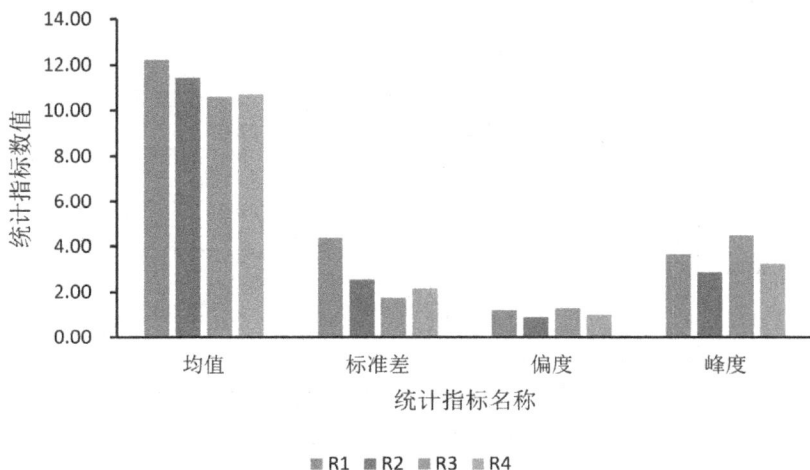

图 5-1　各期限利率统计指标对比图

数据来源：中国人民银行温州市中心支行。

　　结合表 5-1 和图 5-1 可以明显看出：

　　（1）1 个月以内的借贷利率均值最高，期限较长的借贷利率均值反而较低。

　　（2）1 个月以内的借贷利率波动最大。

　　（3）各期限利率序列偏度均为正且大于 0.5，表明利率序列明显右偏。

　　（4）除了 R2，其他各期限利率峰度均大于 3，说明这些利率序列的分布有尖峰厚尾的特征，显著不服从正态分布，可能存在 ARCH 效应。

第二节　趋势图分析

　　本节通过趋势图分析民间借贷利率期限结构的特点。首先观察民间借贷利率的期限结构，如图 5-2 所示。

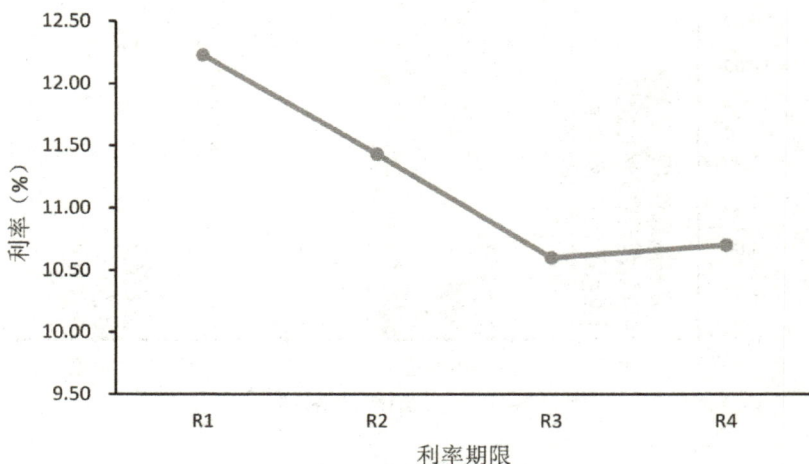

图 5-2　民间借贷利率期限结构图

数据来源：中国人民银行温州市中心支行。
注：图中所用利率为各期限民间借贷利率的均值。

可以看出，温州民间借贷利率期限结构呈现 U 型，U 型曲线底部转折点较为靠近右端 1 年期限处；1 年以内的短期利率存在倒挂的异常现象，即 1 年以内的短期利率随着借款期限的增加，呈现向下倾斜的形态。这与一般意义上的利率期限结构（即借贷期限越长，利率水平越高）的常识相违背。

其次，将民间借贷利率与银行贷款基准利率进行对比，如图 5-3 所示，可看出民间借贷利率有以下几点特征：

（1）温州民间借贷利率水平整体较高，约为同期银行贷款基准利率的 2—3 倍。相比银行利率，民间金融利率波动较大。

（2）温州民间借贷利率与同期银行贷款基准利率（见附录二）的变动方向存在走势同升、走势同降、走势平稳和走势背离四种情况。一般来说，当银行贷款利率提高时，企业会更多地转向民间借贷市场，因而同期限的民间借贷利率会因需求增加而提高。但金融学常识无法解释二者相背离的情况，而这种趋势背离现象在 2011 年以来越发显著（见附录三）。

（3）民间借贷利率从 2007 年下半年开始，维持在 10% 以上波动，2010 年 6 月开始呈现快速上升趋势，达到 17% 的历史高位。

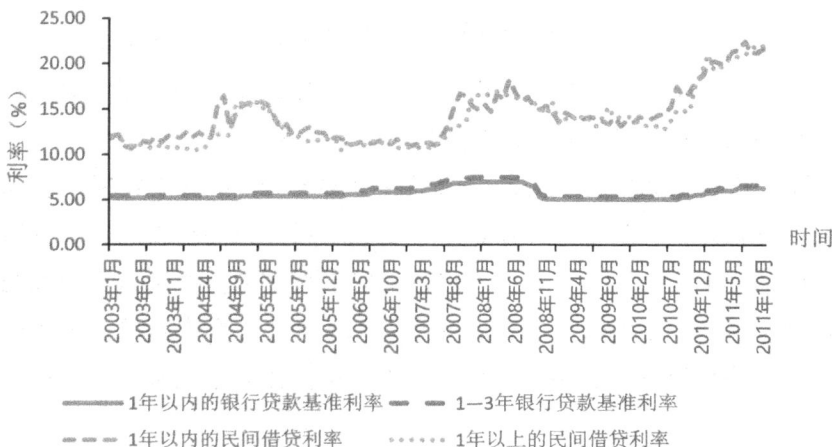

图 5-3　民间借贷利率与银行贷款基准利率对比趋势图

数据来源：（1）中国人民银行温州市中心支行监测数据。（2）1 年期银行贷款基准利率根据人民银行资料得出，其中有利率调整的年份采取平均数。

第三节　民间借贷利率期限结构的影响因素

民间借贷利率由市场自发形成，是民间资金供求状况的体现。民间借贷利率期限结构出现如上所述持续倒挂异常现象，离不开民间借贷市场本身的特点。考察民间借贷利率期限结构的影响因素，才能理解期限结构倒挂现象的形成原因。

刘静和郑震龙（2000）从垄断和风险等若干视角分析了我国民间金融利率稳定在较高水平的原因。何田（2002）认为，非正规金融的利率是随行就市的，受价值规律的调节，这也正是非正规金融的生命力所在。非正规金融的利率受到社会平均利润率水平、市场竞争、国家政策等因素的影响。张建军、袁仲红和林平（2002）认为，非正规金融多是在无法获得正规金融机构贷款的情况下发生的，因此通常非正规金融利率都以官方利率为基准，根据借款主体、借款用途、借款缓急程度、借款期限长短进行风险加成，大部分在国家规定的银行同期利率4倍以内。蔡超婴（2005）分析了浙东南地区的民间借贷高利率现象，以金融抑制、企业金融成长周期、信息不对称和SW信贷配给等为理论基础，认为中小企业资金供不应求，民间金融的垄断、信息不对称和紧缩的宏观经济政策是导致民间金融高利率的主要原因。

而叶茜茜（2011）认为，温州民间金融市场垄断性并不突出，而借款人与贷款人以往的信贷交易记录、关联交易记录的存在能够降低借贷双方的信息不对称程度，有助于降低民间借贷利率。并通过实证说明民间金融利率的水平能够反映市场利率的基本动态，利率水平受到供给成本和需求特征等方面影响，充分体现出市场主体对正规金融信贷调控的回应。

一、利率预期

民间借贷市场作为正规金融市场的补充，其利率水平也会受到货币政策的影响。货币政策的方向与效果不仅影响信贷规模，也会改变市场对利率的预期。根据预期理论，在市场具有相同预期时，预期未来的短期利率下降，资金供给者预期不能通过短期债券再投资来获取超额收益，因而他们更愿意持有长期债券，这会造成长期证券价格上升，进而导致长期利率低于短期利率。

此外，纯预期理论认为，当前短期利率的下降会导致对未来短期利率下降的预期，从而使长期利率也有下降的趋势。这可以解释温州民间借贷市场不同期限的利率走势之间的联动性。

二、期限风险溢价

根据纯预期理论和流动性偏好理论，当未来利率变动不确定时，资金供给者是厌恶风险的，利率的期限补偿一般为正，期限结构会有向上的倾向。但如果在一定期限内（假设为 T），未来利率变动是确定的，则小于 T 的借贷与等于 T 的借贷承担着相同的风险，则在该期限 T 内，资金供给者为风险中立的，从而期限补偿为 0。因而，民间借贷的短期利率包含较少的期限风险溢价。对于中长期借贷而言，由于持有时间较长，受正规金融市场利率、能货膨胀率等因素影响而贬值的风险较大，因而民间借贷利率面临较大的期限风险溢价。

三、资金成本

（一）资金供给主体的成本

资金成本是决定利率高低的重要因素，从资金供给的角度来看，包括机会成本、交易成本和风险成本。

从机会成本来看，当经济繁荣时，市场回报率较高，民间借贷利率会因机会成本的提高而上升。反之，当经济萧条时，市场不景气，民间借贷利率会由于机会成本的降低而下降。

从交易成本来看，存在信息不对称性是金融市场上最重要的问题，但与正规金融市场不同，信息不对称问题在非正规金融市场里相对地得到部分解决。[①] 民间金融依靠庞大的亲情网络来传递信息，依靠稳定的人情关系来形成约束，从而降低借贷信息收集交易成本。但对一段既定的期限来说，借贷频率越低，所耗费的交易成本越少，从而利率可能越低。这也在一定程度上解释了期限在 6—12 个月的民间借贷利率偏低，因为在 1 年以内的短期借贷中，该类期限更节约交易成本。

从风险成本来看，民间金融市场的风险成本包括法律风险、政策变动风险和信用风险。其中，民间金融市场的关系型契约性质和无法律保护的"次国民待遇"使其面临更高的法律风险。因此，法律风险的存在提高了民间借贷利率的风险溢价，使其比银行贷款利率更高。

从政策变动风险来看，政策变动风险和贷款期限正相关。一般借贷期限越长，政策发生不利变化的可能性增大，相应的风险溢价越高。从我国历年货币政策调整情况来看，货币政策的调整周期多超过 1 年，即对 1 年以上的中长期利率影响较大。因而，对借贷期限超过 1 年的贷款

---

① 王一鸣、李敏波：《非正规金融市场借贷利率决定行为：一个新分析框架》，《金融研究》2005 年第 7 期第 12—13 页。

而言，期限越长，风险溢价越高，表现在期限结构上就是收益率曲线上倾的形态。

信用风险因借款主体的还款能力和信用记录的不同而异，资金供给主体据此对借贷资金差别定价。囿于数据的局限性，对不同期限民间借贷的信用风险无法加以有效区分，因而暂且认为信用违约在不同期限的民间借贷中发生的概率是一样的，从而假设不同期限的民间借贷面临同样的信用风险。[①]

（二）资金需求主体的成本

从资金需求来考虑，在温州民间借贷市场上，借款人以中小企业个体商户和居民为主，当对短期资金的需求大于长期资金时，就可能出现短期利率高于长期利率的利率期限结构倒挂现象。

首先是中小企业的周转性融资需求。这类需求的特点是金额大、期限短、时效性强，相应需要具有灵活、高效特征的民间资金，从正规金融机构融资门槛高、交易成本高、手续烦琐，而通过民间融资来解决季节性或临时性的资金需要支付的利息成本就相对较低，因而短期的企业周转性融资往往伴随高利率。

其次，民间资金呈现高度逐利性。在当代市场经济条件下，创业投资和金融投资，尤其是房地产、矿产、股市的高回报也刺激了投资者的借贷需求，推动民间借贷利率水平上升。加之产生金融风暴之后，货币政策的急剧扩张，2010年6月以后民间借贷利率攀升到历史高位。

再次，信贷紧缩时，资金需求者之间相互竞争，此时向正规金融机构贷款往往需要支付寻租成本，对于融资额较小的中小企业、私营企业和个人来说，门槛低、隐性成本少的民间借贷便成为更适合的融资渠道。

[①] 这里选取的民间借贷利率数据为加权平均的月度数据，虽在一定程度上平均了信用风险，但对四类不同期限的借款来说，信用风险的差异仍无法有效衡量，这也是我们研究的不足之一。区分民间借贷利率的信用风险或可成为今后的探究方向。

四、正规金融的影响

民间借贷作为正规金融市场的补充，其活跃程度与利率水平也必然受到央行货币政策的影响。这里选取货币政策工具法定存款准备金作为衡量正规金融市场资金供给状况的指标，考察货币政策对民间借贷利率水平的影响。历年法定存款准备金调整情况如图 5-4 所示。

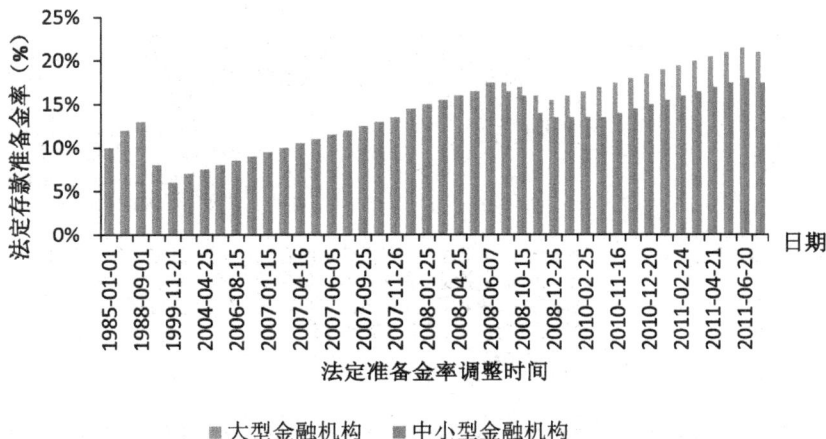

图5-4 历年法定存款准备金率调整情况统计图

数据来源：中国人民银行官方网站。

表 5-2 对法定存款准备金率的调整和民间借贷利率的变动进行了对比，不难发现民间利率可以快速反映资金供求状况，其波动与正规金融市场资金暴缺形势吻合。当央行实施紧缩的货币政策时，法定存款准备金率提高，正规金融机构信贷收紧，民间借贷市场需求旺盛，民间借贷利率就快速上升。在利率机制驱动下，社会资金供给大量转向民间金融市场，这也在一定程度上影响了货币政策的预期效果。

表 5-2　法定存款准备金率（Rd）调整对民间借贷利率的影响

时间	经济环境	Rd 变动	民间借贷利率的变动
1998 年至 2003 年	亚洲金融危机后，央行实行宽松的货币政策	由 13% 迅速降至并保持在 6% 左右的低位	月均利率稳定在 8% 左右
2004 年	钢铁、建材、房地产等行业投资过热，针对过热行业银行信贷紧缩	小幅上调法定存款准备金率，资金供不应求	从 2 月份的 8.9% 一路飙升至 7 月的 12.03%，此后一直维持在 12% 左右。 当时温州全市储蓄存款余额每月递减近 20 亿元，减少总数超过 100 亿元。民间金融市场一度吸纳了大量银行存款
2005 年至 2007 年上半年	紧缩政策效果显现，过热行业投资逐渐萎缩，企业资金需求下降。2007 年上半年经济稳定发展	3 月下调超额存款准备金率，信贷资金充足，货币市场利率趋向稳定	开始回落，2007 年 4 月降至 8.88% 的低点。此后稳定在 9% 左右较低水平
2007 年 7 月至 2008 年上半年	投资过热，通胀压力明显加大，央行实行紧缩性货币政策	6 次提高存贷款基准利率，10 次上调存款准备金率	逐步攀升：2007 年 7 月以后利率大幅上涨，2008 年 4 月达到 12.6% 的阶段高峰，之后 3 个月一直维持在 12% 以上。 此时，温州在全国范围内率先爆发大量企业因现金流枯竭而倒闭或者停产的信息，一些企业因融资问题深陷高利贷泥潭
2008 年 9 月以后	金融危机，央行实行适度宽松的货币政策	连续 4 次下调存款准备金率，5 次下调存贷款基准利率	利率持续下降，回落到正常区间：2009 年 4 月降至 10.3%，此后维持在 11% 以下
2010 年年底至 2011 年	金融危机的影响减弱，而宽松的财政货币政策造成了过度投资和严重的通胀，央行迅速扭转货币政策	连续 9 次上调存款准备金率，5 次上调贷款基准利率	再度攀升：2010 年，民间利率又从 1 月份的 10.98% 一路飙升至 9 月的 13.92%，2011 年 8 月达到了 17%。 随着利率的攀升，民间借贷的违约风险也逐步趋升，并出现民间借贷风险向银行体系传导的迹象

资料来源：（1）中国人民银行温州市中心支行监测数据。（2）《温州统计年鉴 2009》。

此外，除了正规金融利率水平和规模影响民间金融利率水平和规模之外，正规金融信贷政策的调整也会对民间金融利率的波动产生影响。在正规金融机构难以获得贷款的企业会转向民间借贷市场，进而推动民间借贷利率上升。

第四节 小 结

本章主要从统计特征的角度对民间借贷利率及其期限结构的动态特征进行分析，并定性分析了民间借贷利率期限结构的影响因素。

通过描述性统计分析，我们发现 1 个月以内的借贷利率均值最高，利率波动最大。民间借贷利率序列不服从正态分布，明显右偏，且有尖峰厚尾性，因而很有可能存在 ARCH 效应。

通过趋势图分析，我们发现温州民间借贷利率期限结构呈现 U 型，1 年以内的短期利率存在倒挂的异常现象，而 1 年以上的借贷利率期限结构回复到一般形态。

此外，通过与银行贷款基准利率的对比，我们发现温州民间借贷利率水平约为同期银行贷款基准利率的 2—3 倍且波动较大；二者变动方向存在走势同升、走势同降、走势平稳和走势背离 4 种情况。为解释上述现象，我们结合利率期限结构理论进一步分析了民间借贷利率期限结构的影响因素，图 5-5 直观地反映了各个因素对民间借贷利率的影响。

A. 不同期限利率走势联动原因

B. 民间借贷利率水平高、波动大的原因

C. 利率期限结构呈现 U 型的原因

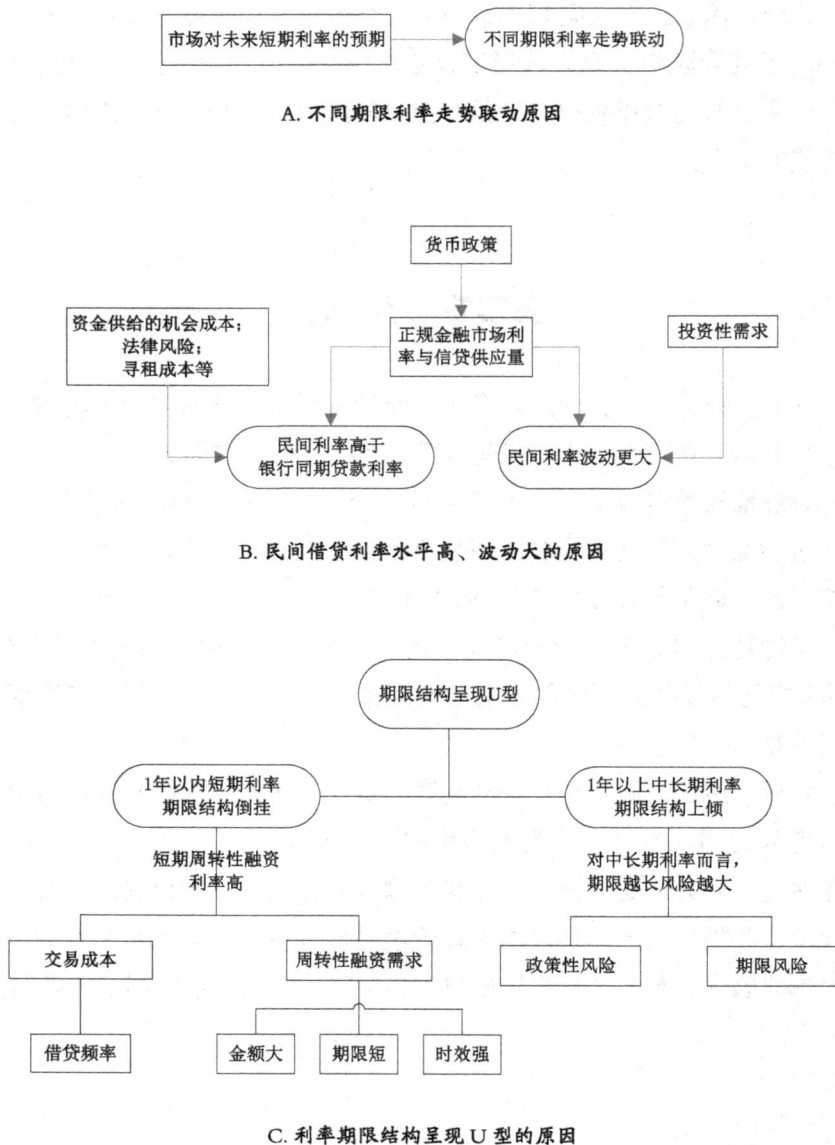

图 5-5　民间借贷利率期限结构影响因素图

第六章

民间借贷利率动态特征实证检验

第一节　平稳性检验

要对民间借贷利率期限结构进行分析，一个重要的基础是判断民间借贷利率序列的平稳性。非平稳性序列的预测值总是其预测原点值，是没有预测意义的；而平稳性时间序列的长期点预测值趋于该序列的无条件均值。对于平稳性序列，如果遇到外部冲击，只会造成暂时性的影响，随着时间的推移，该冲击的影响会逐渐消失，时间序列将回复到长期的均衡水平，这一特性被称为"均值回复"。从理论上讲，利率具有均值回复性，因为利率不可能持续上升，而是可能围绕某一水平波动，但实际情况可能并非如此。因此我们需要对借贷利率数据进行平稳性检验。

我们采用增广迪基－福勒检验（Augmented Dickey-Fuller test,

简称 ADF）对利率序列的平稳性进行单位根检验，其原假设为存在单位
根。如果 ADF 值小于麦金龙临界值，则可在相应的显著性水平上拒绝原
假设；如果 ADF 值大于麦金龙临界值，则不能拒绝原假设。

一、利率序列的单位根检验

由图 5-3 可看出民间借贷利率存在一定的上升趋势，因而应选择包
含截距项和趋势项的检验模型。单位根检验使用软件为 EViews6。

由表 5-1 可知，ADF 检验表明，在 5% 的显著性水平下，借贷期限
在 1 个月以内的民间利率序列不存在单位根，是平稳时间序列，记为
I（0），而另外 3 类期限的利率序列都存在单位根，是不平稳性序列，
记为 I（1）。

表 5-1　民间借贷原始利率序列的平稳性检验

	（c,t,m）	ADF 值	Prob.*	1% 临界值	5% 临界值	I（d）
R1	（c,t,0）	-3.845 482	0.017 9	-4.046 925	-3.452 764	I（0）
R2	（c,t,0）	-2.432 366	0.361 0	-4.046 925	-3.452 764	I（1）
R3	（c,t,0）	-0.995 627	0.939 5	-4.048 682	-3.453 601	I（1）
R4	（c,t,0）	-1.531 519	0.812 6	-4.046 925	-3.452 764	I（1）

二、一阶差分序列的单位根检验

对非平稳数据进行处理，可以将原序列进行差分，用差分序列代替
原序列进行建模。对原始利率序列进行一阶差分，由 D（Ri）表示 Ri
的一阶差分，再次检验其平稳性，如表 5-2 所示。

表 5-2　利率一阶差分序列的平稳性检验

	（c,t,m）	ADF 值	Prob.*	1% 临界值	5% 临界值	I（d）
D（R1）	（c,0,0）	-9.775 748	0.000 0	-3.495 021	-2.889 753	I（0）
D（R2）	（c,0,0）	-13.084 61	0.000 0	-3.494 378	-2.889 474	I（0）
D（R3）	（c,0,0）	-10.603 06	0.000 0	-3.495 021	-2.889 753	I（0）
D（R4）	（c,0,0）	-10.330 42	0.000 0	-3.494 378	-2.889 474	I（0）

一阶差分后时间序列的单位根检验说明，在 5% 的显著性水平下，民间借贷利率的时间序列都是平稳的。由图 5-1 可以更直观地看到民间借贷利率的一阶差分是平稳的。

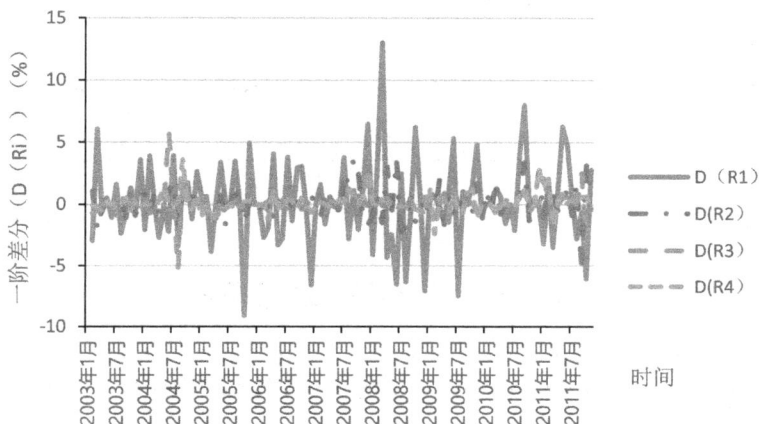

图 6-1　一阶差分序列趋势图

三、利差序列的单位根检验

根据预期理论检验的简单方法，利差说明构成利差的利率之间可能存在均衡关系，这是预期理论成立的必要条件。[①]

从检验结果来看，利差序列都可在 5% 的显著性水平上拒绝单位根的存在，是平稳序列，表明预期理论在民间借贷利率期限结构中是有可能成立的。此外，根据协整的定义，如果长、短期利率序列都是一阶单整 I（1），且作为其线性组合的利差具有平稳性，则证明长期利率与短期利率存在协整关系。如表 6-3。

---

① 预期利率理论中的利差即投资者预期利率与实际利率变化直接的差额。

表6-3　利差一阶差分序列的平稳性检验

	（c,t,m）	ADF值	Prob.*	1% 临界值	5% 临界值	I（d）
R2-R1	（c,0,0）	−5.019 973	0.000 1	−3.493 129	−2.888 932	I（0）
R3-R1	（c,0,0）	−4.083 276	0.001 6	−3.493 129	−2.888 932	I（0）
R4-R1	（c,0,0）	−2.892 157	0.049 6	−3.493 747	−2.889 2	I（0）
R3-R2	（c,0,0）	−4.305 11	0.000 7	−3.493 129	−2.888 932	I（0）
R4-R2	（c,0,0）	−5.870 118	0.000 0	−3.493 129	−2.888 932	I（0）
R4-R3	（c,0,0）	−4.358 898	0.000 6	−3.493 129	−2.888 932	I（0）

第二节　ARCH 效应检验

我们采用 Engle 于 1982 年提出的拉格朗日乘数法（Lagrange Multiplier test, 简称 LM）对民间借贷利率序列的条件异方差性（ARCH 效应）进行检验，LM 检验法的原假设和备择假设为：

$$H_0 : \alpha_1 = \alpha_2 = \alpha_3 = \cdots = \alpha_p = 0, \; H_1 : \sum \alpha_i \neq 0 (1 \leq i \leq p)$$

检验统计量：$LM = nR^2 \sim \chi^2(p)$

其中，n 是样本容量，R^2 是辅助回归式 $e_t^2 = \alpha_0 + \alpha_1 e_{t-1}^2 + \alpha_2 e_{t-2}^2 + \cdots + \alpha_p e_{t-p}^2 + v_t$ 的可决系数（$\{e_t\}$ 为原方程 OLS 回归后的残差序列，e_{t-i}^2 称为 ARCH 项，假设 e_{t-i}^2 依赖于前 p 期扰动项之平方，$e_t^2 = \alpha_0 + \alpha_1 e_{t-1}^2 + \alpha_2 e_{t-2}^2 + \cdots + \alpha_p e_{t-p}^2 + v_t$ 为 ARCH（p）扰动项）。

对于给定的显著性水平 α 和自由度 p，如果 $LM \succ \chi_\alpha^2(p)$，则拒绝原假设 H_0，认为该序列存在 ARCH 效应。

如果 $LM \succ \chi_\alpha^2(p)$，则不能拒绝 H_0，说明该序列不存在 ARCH 效应。

运用 SAS9.0 软件进行检验，结果如表6-4 所示。

表 6-4　ARCH 效应的 Q 检验和 LM 检验

序列	R1		R2		R3		R4	
	LM	Pr>LM	LM	Pr>LM	LM	Pr>LM	LM	Pr>LM
1	0.061 8	0.803 6	10.889 1	0.001 0	0.351 3	0.553 4	0.098 3	0.753 9
2	0.107 8	0.947 5	10.936 3	0.004 2	20.645 8	<0.000 1	0.128 2	0.937 9
3	0.237 0	0.971 4	11.158 3	0.010 9	20.732 8	0.000 1	0.261 3	0.967 1
4	0.554 3	0.968 0	12.745 5	0.012 6	26.991 3	<0.000 1	0.565 4	0.966 8
5	0.734 5	0.981 0	13.661 4	0.017 9	27.757 8	<0.000 1	1.352 9	0.929 4
6	1.033 5	0.984 3	14.720 4	0.022 5	29.505 6	<0.000 1	1.353 7	0.968 6
7	2.512 9	0.926 1	16.363 0	0.022 0	30.226 0	<0.000 1	2.056 4	0.956 7
8	2.513 1	0.961 1	16.519 3	0.035 5	30.714 9	0.000 2	2.151 6	0.976 0
9	4.426 3	0.881 2	25.961 0	0.002 1	31.433 8	0.000 2	2.232 6	0.987 2
10	4.961 8	0.893 7	26.298 4	0.003 4	31.476 4	0.000 5	2.831 0	0.985 1

对 4 类期限民间借贷利率序列的 LM 检验表明，R2 与 R3 利率序列，即借贷期限在 1—6 个月，以及 1 年以上的利率序列存在显著的条件异方差性。

基于上述检验结论不难得出，在这两个序列的参数估计模型中加入 GARCH 模型可以显著提高单因子扩散模型的拟合效果。

第三节　CKLS 扩展模型的构建

我们选取 CKLS 模型为实证基本模型。其表达式为

$$dr_t = (\alpha_0 + \alpha_1 r_{t-1})dt + \sigma r_{t-1}^\gamma dw_t \qquad （6-1）$$

其中，漂移率 $\alpha_0 + \alpha_1 r_{t-1}$ 表示长期均值；如果模型中 α_1 的估计值为负，则利率行为就存在均衡回复性，而且 α_1 的绝对值越大，利率的均值回复速度就越快。σr_{t-1}^γ 表示波动率，其中，参数 γ 代表条件波动率，衡量利率波动的水平效应，即利率波动对利率水平的敏感程度，γ 取正值则表示模型存在条件异方差。欧拉离散后得到方程：

$$\begin{cases} r_t - r_{t-1} = \alpha_0 + \alpha_1 r_{t-1} + \varepsilon_t \\ \varepsilon_t \sim N(0, \sigma^2 r_{t-1}^{2\gamma}) \end{cases} \qquad (6\text{-}2)$$

方程中等号左边是利率的一阶差分形式，待估参数向量为 $\varphi_3(\alpha_0, \alpha_1, \sigma, \gamma)$。

GARCH 模型用公式表示为

$$\begin{cases} y_t = x_t'\beta + \varepsilon_t \\ \varepsilon_t = \sqrt{h_t} * v_t \\ h_t = \alpha_0 + \alpha_1 \varepsilon_{t-1}^2 + \cdots \alpha_p \varepsilon_{t-p}^2 + \theta_1 h_{t-1} + \cdots + \theta_q h_{t-q} \\ = \alpha_0 + \sum_{i=1}^{p} \alpha_i \varepsilon_{t-i}^2 + \sum_{j=1}^{q} \theta_j h_{t-j}^2 \end{cases} \qquad (6\text{-}3)$$

称该序列服从 GARCH（ p , q ）过程。

其中， $h_t = \text{var}(\varepsilon_t | \phi_{t-1})$ ，可以理解为过去所有残差的正加权平均，这与波动率的聚集效应相符合。

ϕ_{t-1} 是时刻 $t-1$ 及其之前的全部信息。

v_t 独立同分布，参数满足条件：

$$\begin{aligned} & E(v_t) = 0 \\ & D(v_t) = 1 \\ & E(v_t v_s) = 0 (t \neq s) \\ & \alpha_0 > 0 \\ & \alpha_i \geq 0 \\ & \theta_j \geq 0 \\ & \sum_{i=1}^{q} \alpha_i + \sum_{j=1}^{p} \theta_j < 1 \end{aligned} \qquad (6\text{-}4)$$

此外，考虑到温州民间借贷利率 2007 年以后呈现了波动上升的趋势，这里考虑加入非线性漂移项。嵌套了非线性漂移项和 GARCH 模型的 CKLS 扩展模型如下：

$$
\begin{cases}
r_t - r_{t-1} = \alpha_{-1} r_{t-1}^{-1} + \alpha_0 + \alpha_1 r_{t-1} + \alpha_2 r_{t-1}^2 + \sigma r_{t-1}^{\gamma} \varepsilon_t \\
\varepsilon_t = \sqrt{h_t}\, v_t \\
h_t = \beta_0 + \beta_1 \varepsilon_{t-1}^2 + \theta_1 h_{t-1} \\
v_t \sim N(0,1)
\end{cases}
\tag{6-5}
$$

待估参数为 $\varphi_3(\alpha_{-1}, \alpha_0, \alpha_1, \beta_0, \beta_1, \theta_1, \sigma, \gamma)$，约束条件为

$$
\begin{cases}
\beta_0 > 0 \\
\beta_1 \geqslant 0 \\
\beta_1 + \theta_1 < 1
\end{cases}
$$

第四节　参数估计与结果分析

在参数估计方法的选择上，因极大似然估计具有一致性、渐近正态性和渐近有效性，从估计的稳定性和有效性上看优于 CKLS（1992）使用的广义矩估计方法。因此我们运用极大似然估计对模型的参数进行估计。本章第一节单位根检验结果表明，借贷期限在 1 个月以内的民间借贷利率序列 0 阶和 1 阶都是平稳的，故可采用最小二乘法对 R1 序列进行参数估计。本节实证软件为 SAS9.0。

一、R1 序列的参数估计与模型对比

如表 6-5，从 CKLS 模型参数估计结果来看，α_1 取值为 -0.1397，且两个参数都十分显著，说明期限在 1 个月以内的民间借贷利率从长期来看具有均值回复性，外部冲击对该序列的利率波动只会造成暂时性的影响，随着时间的推移，该冲击的影响会逐渐消失。其长期均值约为 12.84%。

表 6-5　CKLS 模型的 OLS 估计

Variable	DF	Estimate	Standard Error	t Value	Pr>|t|
Intercept	1	1.825 1	0.676 3	2.70	0.008 1
lagr	1	−0.139 7	0.052 5	−2.66	0.009 1
SSE		557.208 983	DFE		104
MSE		5.357 78	Root MSE		2.314 69
SBC		486.048 982	AIC[①]		480.722 104
Regress R−Square		0.063 7	Total R−Square		0.063 7
Durbin-Watson		2.218 2	Pr<DW		0.852 1
Pr>DW		0.147 9			

　　本章第二节 ARCH 效应检验指出 R1 序列不存在显著的条件异方差性，GARCH 检验进一步说明了这一点。如表 6-6 所示，模型参数均不显著，说明 R1 序列是同方差的。

表 6-6　扩展模型 GARCH 系数检验

Variable[②]	DF	Estimate	Standard Error	t Value	Pr>|t|
Intercept	1	−8.485 4	12.684 9	−0.67	0.505 0
lagr	1	0.346 3	1.004 2	0.34	0.730 9
r1	1	57.521 6	50.505 5	1.14	0.257 4
r2	1	−0.005 044	0.024 6	−0.21	0.837 7
SSE		530.495 245	DFE		102
MSE		5.200 93	RootMSE		2.280 56
SBC		490.168 147	AIC		479.514 391
RegressR−Square		0.108 6	TotalR−Square		0.108 6
Durbin-Watson		2.096 7			

---

① AIC 准则（Akaike Information Criterion）即赤池信息量准则，鼓励数据拟合的优良性但是尽量避免出现过度拟合（overfitting）的情况。所以优先考虑的模型应是 AIC 值最小的那一个。赤池信息量准则的方法是寻找可以最好地解释数据但包含最少自由参数的模型。

② R1 序列的 GARCH 检验参数说明：（1）Intercept 为参数 α_0，估计值显著说明利率序列具有均值回复性；（2）lagr 为参数 α_1，估计值为负则说明利率时间序列具有均值回复性，序列的长期均值为 $\alpha_0 + \alpha_1 r_{t-1}$，即模型漂移率；（3）r1 为非线性漂移项 $1/r_{t-1}$ 的系数，r2 为非线性漂移项 r_{t-1}^2 的系数。

二、R2 序列的参数估计与模型对比

如表 6-7，由 CKLS 模型的参数估计结果可知：

（1）α_1 取值为 -0.0382，但 t 检验结果不显著，因此并不能说明借贷期限在 1—6 个月的民间借贷利率存在均值回复现象。

（2）条件波动率参数 γ 估计显著，说明样本期内，该期限利率波动存在水平效应，利率水平越高，波动越剧烈。

（3）γ 取值为 0.2615，且在 1% 的显著性水平下成立，说明模型存在条件异方差。

（4）表 6-7 中，AIC 信息准则是衡量统计模型拟合优良性的一种标准，可以权衡所估计模型的复杂度和此模型拟合数据的优良性，其计算公式：$AIC = 2k - 2\ln(L)$，其中 k 是参数的数量，L 是似然函数。一般意义而言，AIC 值越小说明滞后阶数越合理。上表中 AIC 取值为 278.335377，数值较大可能是因为滞后阶数较大，模型的模拟效果比较好，对数似然值为 -135.16769，加上负号之后则变得较大，因此最后的 AIC 值较大。

表 6-7　CKLS 模型的 MHE 估计 [①]

Variable[②]	DF	Estimate	Standard Error	t Value	Pr>|t|
Intercept	1	0.512 8	0.534 1	0.96	0.337 0
lagr	1	−0.038 2	0.051 1	−0.75	0.455 0
HET0	1	0.196 3	0.089 6	2.19	0.028 4
HET1	1	0.261 5	0.079 7	3.28	0.001 0
SSE	96.286 725 1		Observations		106
MSE	0.908 37		Root MSE		0.953 08
Log Likelihood	−135.167 69		Total R-Square		0.014 9
SBC	288.989 133		AIC		278.335 377

① 包含异方差的模型估计方法为极大似然估计中的 Multiplicative Heteroscedasticity Estimates 方法，R3、R4 序列的模型估计方法亦同。
② CKLS 模型检验参数名称说明：（1）Intercept 表示参数 α_0；（2）lagr 表示参数 α_1，估计值为负则说明利率序列具有均值回复性，时间序列的长期均值可由模型漂移率 $\alpha_0 + \alpha_1 r_{t-1}$ 得出；（3）HET0 表示参数 σ，σr_{t-1}^γ 代表序列波动率；（4）HET1 表示参数 γ，代表条件波动率，衡量利率波动的水平效应，即利率波动对利率水平的敏感程度，γ 取正值则表示模型存在条件异方差。

续 表

Variable[2]	DF	Estimate	Standard Error	t Value	Pr>|t|
Normality Test		4.889 1	Pr>ChiSq		0.086 8

如表 6-8，从参数估计结果来看：

（1）嵌入了非线性漂移因子和 GARCH 过程后，α_1 参数估计量为正，说明 R2 序列不存在均值回复现象。

（2）水平效应不显著，即利率波动大小对利率水平不敏感。

（3）从 GARCH 模型的参数估计结果来看，外部信息对 R2 序列的冲击不显著。

（4）CKLS 模型的对数似然值为 -133，有所增加，说明该扩展模型的拟合效果好于 CKLS 模型。

（5）$\beta_1 + \theta_1 < 1$，符合 GARCH 假定。

表 6-8 扩展模型 GARCH 系数检验

Variable[1]	DF	Estimate	Standard Error	t Value	Pr>|t|
Intercept	1	-63.913 5	25.084 6	-2.55	0.010 8
lagr	1	5.371 5	2.084 3	2.58	0.010 0
r1	1	246.830 3	98.316 8	2.51	0.012 1
r2	1	-0.146 0	0.056 1	-2.60	0.009 3
ARCH0	1	1.053 7E-8	2.954E-15	3567184	<0.000 1
ARCH1	1	0.514 0	0.290 7	1.77	0.077 0
GARCH1	1	0.188 8	0.224 7	0.84	0.401 0
HET1	1	0.026 1	0.013 0	2.02	0.043 8
SSE	93.457 571 2		Observations		106
MSE	0.881 68		Uncond Var		3.544 55E-8
Log Likelihood	-133.022 38		Total R-Square		0.043 9
SBC	298.688 828		AIC		280.044 754
Normality Test	6.139 3		Pr>ChiSq		0.046 4

① GARCH 检验参数名称说明：（1）Intercept 为参数 α_0；（2）lagr 表示参数 α_1，估计值为负则说明利率序列具有均值回复性，序列的长期均值可由模型漂移率 $\alpha_0 + \alpha_1 r_{t-1}$ 得出；（3）r1 为非线性漂移项 $1/r_{t-1}$ 的系数，r2 为 r_{t-1}^2 的系数；（4）ARCH0 表示 GARCH 过程的截距项；（5）ARCH1 表示参数 β_1，衡量外部信息对利率水平冲击的大小；（6）GARCH1 表示 θ_1 衡量外部信息对利率水平冲击的持久性；（7）HET1 为参数 γ，代表条件波动率，衡量利率波动的水平效应，即利率波动对利率水平的敏感程度，γ 取正值则表示模型存在条件异方差。

三、R3 序列的参数估计与模型对比

如表 6-9，由参数估计的结果可知：

（1）α_1 的 t 检验结果不显著，因此并不能说明借贷期限在 1—6 个月的民间借贷利率存在均值回复现象。

（2）条件波动率参数 γ 估计显著，说明样本期内，借贷期限在 6—12 个月的民间借贷利率波动存在水平效应，利率水平越高波动越剧烈，利率水平越低波动越小。

（3）γ 取值 0.2692，说明模型存在条件异方差。

（4）由 AIC 值的计算公式：$AIC = 2k - 2\ln(L)$ 可知，表 6-9 中 AIC 取值为 220.624752，数值较大可能是因为滞后阶数较大，模型的模拟效果比较好，对数似然值为 -106.31238，加上负号之后则变得很大，因此最后的 AIC 值较大。

表 6-9　CKLS 模型的 MHE 估计

Variable	DF	Estimate	Standard Error	t Value	Approx Pr>|t|
Intercept	1	0.601 0	0.710 3	0.85	0.397 5
lagr	1	−0.051 7	0.068 8	−0.75	0.452 1
HET0	1	0.159 5	0.039 7	4.02	<0.000 1
HET1	1	0.269 2	0.049 9	5.39	<0.000 1
SSE	53.816 410 5	Observations		106	
MSE	0.507 70	Root MSE		0.712 53	
Log Likelihood	−106.312 38	Total R-Square		0.022 7	
SBC	231.278 509	AIC		220.624 752	
Normality Test	2 402.749 6	Pr>ChiSq		<0.000 1	

注：CKLS 模型检验参数名称说明如表 6-7。

如表 6-10，从参数估计结果来看：

（1）α_0 的 t 检验结果不显著，说明借贷期限在 6—12 个月的民间借贷利率不存在均值回复现象。

（2）水平效应变得不显著，即利率波动大小对利率水平不敏感。

（3）从 GARCH 模型的参数估计结果来看，外部信息对 R2 序列的冲击量为 2.7739，GARCH1 值为 0.0711，表明外部信息对利率水平冲击的持续

性较低，且不显著。

（4）嵌入了非线性漂移因子和 GARCH 过程后，CKLS 模型的对数似然值增加到 -91.324372，而 AIC 值却下降了，说明该扩展模型并不明显比 CKLS 模型的拟合效果更好。

（5）GARCH（1,1）的参数 ARCH1 与 GARCH1 之和不满足模型约束条件 $\beta_1 + \theta_1 < 1$，这意味着当前对利率波动性的干扰将长期影响将来对利率波动的预测，与实际不符。

表 6-10 扩展模型 GARCH 系数检验

Variable	DF	Estimate	Standard Error	t Value	Pr>|t|
Intercept	1	−33.647 8	23.017 4	−1.46	0.143 8
lagr	1	2.973 5	2.033 2	1.46	0.143 6
r1	1	120.922 2	85.435 6	1.42	0.157 0
r2	1	−0.082 1	0.058 9	−1.39	0.163 4
ARCH0	1	1.053 7E-8	1.534E-14	687009	<0.000 1
ARCH1	1	2.773 9	0.609 3	4.55	<0.000 1
GARCH1	1	0.071 1	0.039 3	1.81	0.070 5
HET1	1	0.003 064	0.002 239	1.37	0.171 1
SSE		62.052 504 9	Observations		106
MSE		0.585 40	Uncond Var		.
Log Likelihood		−91.324 372	Total R-Square		.
SBC		215.292 818	AIC		196.648 744
Normality Test		500.520 1	Pr>ChiSq		<0.000 1

注：GARCH 检验参数名称说明如表 6-8。

四、R4 序列的参数估计与模型对比

如表 6-11，从 CKLS 模型参数估计的结果来看：

（1）α_0 的 t 检验结果不显著，说明借贷期限在 1 年以上的民间借贷利率不存在均值回复现象，其均值随着时间而改变。

（2）条件波动率参数 γ 估计显著，说明样本期内，借贷期限在 1 年以上的民间借贷利率波动存在水平效应，利率波动幅度受到利率水平

影响。

（3）一般意义而言，AIC 值越小说明滞后阶数越合理。表 6-11 中 AIC 取值为 191.195966，数值较大可能是因为对数似然值为 -91.597983，加上负号之后则变得较大，因此最后的 AIC 值较大。

表 6-11　CKLS 模型的 MHE 估计

Variable	DF	Estimate	Standard Error	t Value	Pr>|t|
Intercept	1	0.181 0	0.432 1	0.42	0.675 2
lagr	1	−0.010 8	0.040 2	−0.27	0.787 9
HET0	1	0.256 6	0.089 1	2.88	0.004 0
HET1	1	0.151 5	0.066 4	2.28	0.022
SSE	36.134 281 3		Observations		106
MSE	0.340 89		Root MSE		0.583 86
Log Likelihood	−91.597 983		Total R-Square		0.000 4
SBC	201.849 723		AIC		191.195 966
Normality Test	153.217 9		Pr>ChiSq		<0.000 1

注：CKLS 模型检验参数名称说明如表 6-7。

如表 6-12，从嵌入了非线性漂移因子和 GARCH 过程后的模型参数估计结果来看：

（1）α_0 的 t 检验结果不显著，不能证明借贷期限在 1 年以上的民间借贷利率存在均值回复现象。

（2）水平效应显著，但条件异方差性不明显。

（3）从 GARCH 模型的参数估计结果来看，外部冲击也不显著。

（4）对数似然值仍为 -91，而 AIC 有所上升，说明该扩展模型并没有明显改善 CKLS 模型的拟合效果。

（5）GARCH（1,1）的参数不满足模型约束条件 $\beta_1+\theta_1<1$，这意味着当前对利率波动性的干扰将长期影响将来对利率波动的预测，与实际不符。

表 6-12 扩展模型 GARCH 系数检验

Variable	DF	Estimate	Standard Error	t Value	Pr>|t|
Intercept	1	−0.277 6	37.927 5	−0.01	0.994 2
lagr	1	−0.025	3.313	−0.01	0.994
r1	1	3.783 9	141.703 8	0.03	0.978 7
r2	1	0.002 065	0.094 4	0.02	0.982 6
ARCH0	1	1.053 7E−08	3.002 7E−09	3.51	0.000 4
ARCH1	1	1.355E−20	5.512E−13	0	1
GARCH1	1	2.643E−19	1.608E−14	0	1
HET1	1	0.031 5	0.003 182	9.9	<0.000 1
SSE		36.073 307 7	Observations		106
MSE		0.340 31	Uncond Var		1.053 67E-8
Log Likelihood		−91.474 349	TotalR−Square		0.002 1
SBC		206.265 894	AIC		192.948 698
Normality Test		133.625 9	Pr>ChiSq		<0.000 1

注：GARCH 检验参数名称说明如表 6-8。

第五节 小 结

本章主要检验利率动态模型对民间借贷利率数据的拟合能力和从模型参数估计中反映的民间借贷利率的动态特征。

从模型检验结果来看，不同期限的民间借贷利率表现出了不同的动态特征。通过模型反映民间借贷利率序列的动态特征以及对数似然函数值和 AIC 统计量如表 6-13 所示。

表 6-13 民间借贷利率动态特征

利率	模型	均值回复性	非线性漂移项	水平效应	条件异方差	外部冲击量	LogL	AIC
R1	CKLS 模型	−0.139 7***	—	—	不存在	—	—	—
	扩展模型	不显著	不显著	—	不存在	—	—	—
R2	CKLS 模型	不显著	—	0.261 5**	存在	—	−135.17	278.34
	扩展模型	不存在	246.830 3**	0.026 1*	存在	不显著	−133.02	280.04
			−0.146 0***					

利率	模型	均值回复性	非线性漂移项	水平效应	条件异方差	外部冲击量	LogL	AIC
R3	CKLS 模型	不显著	—	0.269 2***	存在	—	-106.31	220.62
	扩展模型	不存在	不显著	不显著	存在	2.773 9***	-91.32	196.65
R4	CKLS 模型	不显著	—	0.151 5**	存在	—	-91.60	191.19
	扩展模型	不显著	不显著	0.031 5***	存在	不显著	-91.47	192.95

分析民间借贷利率的上述动态特征，可以得出如下结论：

（1）借贷期限在 1 个月以内的民间借贷利率序列具有平稳性，虽然波动剧烈，但长期来看具有均值回复性，其长期均值约为 12.84%。其波动特征可通过传统的 CKLS 模型进行刻画。

（2）借贷期限在 1—6 个月的民间借贷利率序列均值回复性不显著，存在条件异方差性，外部信息对民间借贷利率的冲击效应也不显著。利率波动情况对利率水平的高低比较敏感，利率水平越高波动越大。相比传统的 CKLS 模型，嵌入非线性漂移因子和 GARCH 过程的 CKLS 扩展模型能更好地拟合借贷期限在 1—6 个月的民间借贷利率的样本数据。

（3）借贷期限在 6—12 个月的民间借贷利率序列同样不具有显著的均值回复性，但该期限利率的波动情况对利率水平的高低比较敏感，利率水平越高波动越大，即水平效应十分显著。而在模型的拟合能力上，相比嵌入非线性漂移因子和 GARCH 过程的 CKLS 扩展模型，传统的 CKLS 模型能更好地拟合样本数据。

（4）借贷期限在 6—12 个月的民间借贷利率序列不平稳，不具有显著的均值回复性，条件异方差性也不十分明显，但水平效应比较显著。传统的 CKLS 模型能较好地拟合样本数据。

（5）借贷期限在 6 个月至 1 年与 1 年以上的利率 GARCH 模型参数都存在 $\beta_1+\theta_1>1$，这意味着当前对利率波动性的干扰将长期影响将来对利率波动的预测，与实际不符，说明 GARCH（1，1）模型在拟合民间借贷利率上表现不稳定。

第三篇
宏观因素对温州民间借贷利率的影响

综观前人对民间借贷利率的研究，大多局限于民间借贷利率的形成机制、民间资金价格比较高的原因与定价机制、民间借贷存在的意义及政策取向等；而对于民间借贷利率影响因素的研究少之又少，且对于仅有的一些研究，也大多是从单个角度加以讨论，例如正规金融、房地产价格或当地经济对民间借贷利率的影响，从整体多角度进行研究的文献几乎没有。这与民间借贷统计数据缺失，人们对民间借贷市场主体行为缺乏深入认识不无关系。

本篇基于宏观视角，选取温州作为民间借贷的样本，并借鉴正规金融研究中的利率研究方法，从货币政策、正规金融以及温州当地经济三个角度，基于向量自回归模型，探讨宏观因素对温州民间借贷利率的影响，这对于把握民间金融的运行状况，防范民间借贷风险，实现民间借贷市场的规范化发展，以及推进我国利率市场化进程都具有重要意义。

本篇实证结果表明，存款准备金率的上调以及温州的通货膨胀能够小幅拉升温州民间借贷利率，正规金融对民间借贷市场的影响则非常小。因此借贷利率的走势主要由民间借贷自身原因决定。

第七章

温州民间借贷利率影响
因素：宏观视角

第一节　温州民间借贷的发展历程

一、温州民间借贷的发展历程

在中国，温州民间金融的业态发育和制度创新都是最为活跃的。早在 20 世纪 80 年代，温州就出现了诸如"银背"、民间直接借贷、私人钱庄、合会、商业典当等各种民间金融形式，并率先进行了浮动利率改革。在此期间，温州的民间借贷大多服务于民营企业，温州逐渐成为印刷、服装、皮革、打火机和皮鞋等劳动密集型的加工制造业中心，部分企业家完成了初步的原始资本积累。20 世纪 90 年代，温州涌现出了一大批融资租赁公司、农村金融服务社和农村合作基金会，此时温州经历了亚洲地区的金融危机，私营企业未能实现产业升级，即从传统制造业向战略新兴产业、服务业和技术密集型制造业转型，企业家开始将实业当作融资平台，借力民间借贷，参与投机炒作。尽管温州的产业出现空心化，但民间借贷利率一直趋于稳定。2002 年央行将温州定为民间利率监测试点城市，以推进存贷款利率的改革。2005 年之后，我国进入流动性过剩时期，加上温州企业的竞争力进一步下降，温州民间借贷继而转向投资，且投资方向从当地经济转向全国，投向矿产和房地产等收益率较高的行业。2011 年，由于温州民间资本过多参与到投机活动中，风险加大，加上民间借贷利率一直居高不下，导致企业资金链断裂，从而引发了温州信用危机。为此，国务院于 2012 年 3 月设立温州金融改革试验区，旨在切实解决温州经济发展存在的突出问题，引导民间融资规范发展。2014 年 3 月，作为中国首部金融地方性法规和专门规范民间金融的法规，《温州市民间融资管理条例》也正式实施。

二、温州民间借贷利率走势分析

民间借贷利率是反映民间融资市场的资金价格和资金供求关系的重要指标。毫无疑问，民间借贷利率普遍偏高，如图 7-1 所示，温州民间借贷利率高于正规金融信贷利率，且通常为贷款基准利率的 2—3 倍；同时，民间借贷利率与正规金融信贷利率的走势大致相似，但民间借贷利率的波动幅度更大。

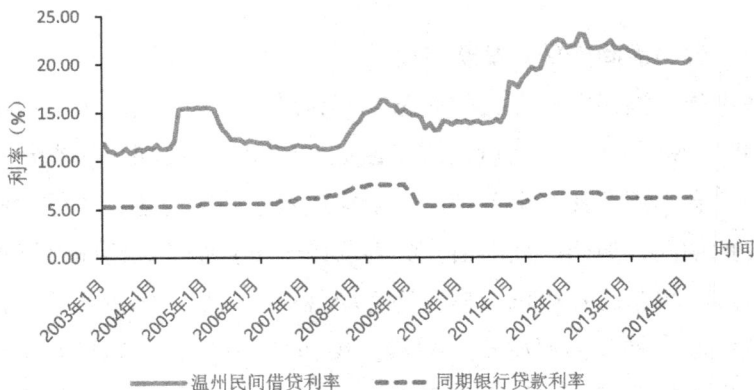

图 7-1 温州民间借贷利率与银行贷款利率趋势比较图

　　根据中国人民银行温州市中心支行监测数据显示，2003 年温州民间借贷利率一直稳定在 11% 左右；2004 年国家针对部分行业存在的盲目重复建设和过度投资问题，相继采取了控制向部分过热行业信贷投入和加息，以及提高存款准备金率等措施，致使正规金融的信贷供给减小，从而增加了企业对民间借贷的需求，民间借贷利率急剧上升到 15%；2007 年，通货膨胀较为严重，央行连续 10 次上调存款准备金率，6 次加息，温州累计被冻结资金 36 亿元左右，因此民间借贷利率也迅速升温。2008—2009 年，央行连续 6 次降息，且下调存款准备金率，同时为应对金融危机，出台 4 万亿元的刺激性财政政策，使得各商业银行的信贷投放量大大增加，降低了企业对民间资金的需求，利率随之下降。随着 2010 年通胀压力增加，央行从 11 月开始实行紧缩性货币政策，同时温州部分企业资金链断裂，民间借贷利率迅速攀升，最高时达到了 23%。虽然自 2012 年年初逐月回落，但利率水平仍处于一段时期内较高水平，2013 年温州民间借贷综合利率指数一直稳定在 19%—22%。

三、温州资金需求分析

　　通过将温州地区的贷款余额与 GDP 的比值，以及贷款余额与存款余额的比值与全国的数据进行比较，可以分析温州对于正规金融体系的资金需求程度（张雪春、徐忠和秦朵，2013）。如图 7-2 所示，温州地区贷款余额与 GDP 的比值从 1978 年至 1998 年一直比较低且平稳，极少达到 0.5，甚至有时连全国水平的一半都未达到，1998 年之后温州的比值快速增长，于 2005 年赶超全国水平，并且大幅领先。图 7-3 中，1978 年至 1992 年，温州地区的存贷比一直处于快速递减阶段，即从 2.84 下降到了 0.55，此后，于 2003 年超过全国水平。2005 年，温州的存贷比为 0.75，之后存贷比连年上升，2012 年已经达到了 0.94，远高于《商业银行法》设定的存贷比上限 0.75。

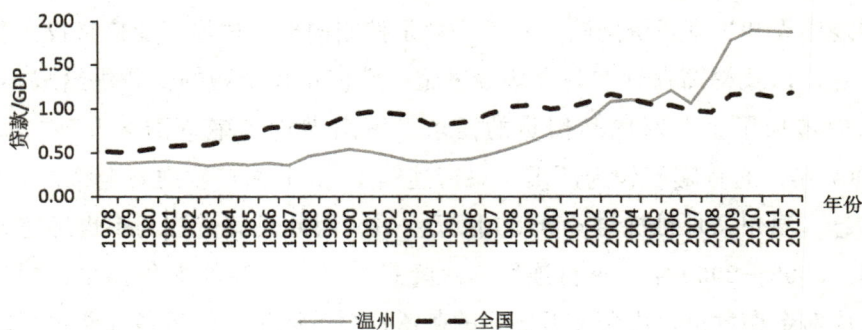

图 7-2　温州地区与全国贷款余额/GDP 比较图

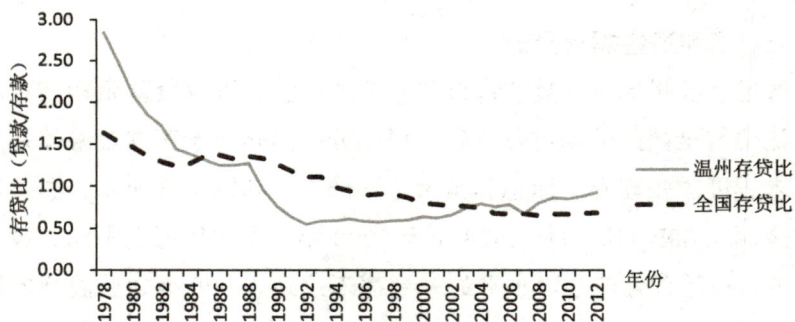

图 7-3　温州地区与全国贷款余额 / 存款余额比较图

对于温州民间借贷资金的来源和投向，可通过将图 7-2、图 7-3 与温州当地的民间借贷市场的发展及经济状况结合来加以分析。温州的国有经济一直比较弱，而 20 世纪八九十年代，温州的银行同其他地方的银行一样，不敢向民营企业发放贷款（诸葛隽，2007）。这一阶段，民间资金大多还是用于本地民营企业。随着1995年《商业银行法》的出台，我国的金融政策发生了变化，银行开始向民营企业贷款（张雪春、徐忠和秦朵，2013）。从2005年开始，温州地区金融机构的存贷比一直高于全国水平，且远超过了0.75的法定比例，可见正规金融信贷吝啬和服务不够并不是导致温州民间借贷市场盛行的原因，相反正规金融机构对温州地区实行了信贷倾斜政策，因此温州的企业并不缺乏资金。从2001年至2010年，温州的贷款余额增长了660%，GDP增长了216%，贷款余额与GDP的比值从2005年之后一路飙升，增长到了1.91，而这一比重在全国范围内则是平稳的。

由以上分析可见，温州当地的贷款与GDP增长幅度并不匹配，说明可能存在着资金外流现象，即借贷资金并未用于当地。据中国人民银行温州市中心支行调查，2009—2010年两年间，温州新增贷款超过2200亿元，其中大量资金被用于投机，且约有10%被用于民间借贷。

综上所述，正规金融对温州的投入远超全国平均水平，温州的问题并非由于正规金融服务不够，民间借贷如此盛行，与温州人的投资习惯有关。

第二节　影响民间借贷利率的宏观因素

一、关于民间借贷利率的理论争鸣

民间借贷是相对于正规的银行信贷而言的，主要指非金融机构的社会个人、企业及其他经济主体之间进行的以货币资金为标的的价值让渡及本息还付，是经济发展内生的交易行为（Rosemary，2001；周松山，2011）。关于民间借贷存在的原因，很多文献认为是"金融抑制"导致中小企业难以从正规金融机构获得融资，从而使其转向民间借贷（McKinnon，1973），而林毅夫和孙希方（2005）表示民间借贷存在的根本原因是其在"软信息"方面的优势，金融抑制是强化因素，拓展了非正规金融部门的效率边界。

关于利率决定的理论基础，主要内容有：古典利率理论强调非货币的实际因素在利率决定中的作用，认为利率可自动调节经济，且利率水平取决于投资于储蓄的均衡水平；凯恩斯则强调利率是纯粹的货币现象，支付的利息是在一段时间内放弃流动性的报酬，利率取决于货币的供给与需求；罗伯特和俄林则结合了以上两种理论，同时考虑了货币市场和商品市场，认为利率取决于可贷资金的需求和供给；马克思从劳动价值论角度分析，认为利率由平均利润率决定，在借贷资本总量一定的情况下，平均利润率高，利润总额高，则利率水平高。

在社会关系、内联交易的作用下，民间借贷利率可能低于正规金融利率（Bouman，1990；Adams，1992）。但是，诸多研究表明，民间借贷利率较高是常态（张建军，2003；何田，2002）。对于民间利率维持较高水平的原因，学术界的观点并不统一。主要观点有：（1）市场分割说。由于放款者垄断、信贷市场分割（郑震龙和刘静，2000），当正规金融市场资金供给不足，寻求非正规信贷是无奈的选择时（江曙霞和秦国楼，2000），资金的需求者只有接受非正规金融市场上资金供给者的高利率。（2）风险补偿说。非正规金融承担了正规金融所不愿承担的高风险，该风险或源于其未得到官方认可，可能被取缔等制度方面的原因（刘静和郑震龙，2000）。（3）综合成本说。借款者从非正规金融市场上借款，而不是从正规金融机构获得贷款，大大降低了其交易成本，因此即便支付的利息更高，借款的总成本并没有相应增加（Aryeetey，1996；Rosemary，2001）。（4）规模经济说。民间借贷中成交金额小，无法实现规模经济，从而造成放款者自身单位贷款成本高，为了保证必要的资金利润率，这种资金成本必然以较高的利率转嫁到借款者身上（江曙霞和秦国楼，2000）。（5）机会成本说。在经济高速发展过程中，一国经济往往拥有较多投资机会和较高投资收益。民间借贷资金以债券的形式参与其中，就使其失去了其他投资机会。民间借贷利率必然反映这种资金的机会成本（Adams,1992；郭沛,2004）。

近年来，有关民间借贷利率的研究呈现模型化、综合化趋势。王一鸣和李敏波（2005）构建了一个不完全竞争下的非对称 NASH 议价模型，通过对 NASH 议价解的分析，用理论研究证明了非正规市场借贷利率高于正规市场利率；然而程昆（2006）在王一鸣和李敏波构建的模型的基础上，将项目本身的不确定性作为一个变量纳入模型，证明了非正规金融的利率不一定高于正规金融的利率。

二、影响因素温州民间借贷利率的宏观因素

民间借贷利率的决定因素可大致分为三类：供给（包括通货膨胀、垄断利润、风险溢价、贷款的管理成本、资金的机会成本）、需求（包括借款人所处的家庭资产存量、家庭生命周期阶段、人力资本存量、投资风险、生产技术、物质资本禀赋等）以及正规金融的利率（刘民权和俞建拖，2006）。也有研究显示，地区经济发达程度同样会影响民间借贷利率，即发达地区的民间借贷利率高于欠发达地区，主要原因是欠发达地区的民间可贷资金更少，从而导致资金价格更高（Bhattacharjee & Rajeev，2010）。

通过对民间借贷利率相关文献的梳理，我们将影响民间借贷利率的宏观因素归纳为三大变量，即货币政策、正规金融以及当地经济因素。

（一）货币政策对民间借贷利率的影响

社会资金松紧度、货币政策松紧度是影响民间借贷利率水平的主要因素，货币当局采用紧缩性货币政策时，整个市场资金相对紧张，对民间借贷的需求就会增加，民间借贷利率会上升。周荣俊（2010）将货币政策从紧的 2008 年与货币政策适当宽松的 2009 年进行比较分析，认为货币政策对期限较短的利率水平影响较大，期限长的相对要小。存款准备金率通常作为货币政策的经济指标，其对民间借贷利率有正相关影响（张雪春、徐忠和秦朵，2013），且影响逐渐加强，对民间借贷利率波动的解释能力达到 12.5%（中国人民银行温州市中心支行课题组，2011）；周明磊和任荣明（2010）通过实证分析，证明真正操纵民间金融的是具有"信号显示"功能的存款准备金的调整，货币信贷活动只能

解释很小部分的民间利率的变动。

（二）正规金融对民间借贷利率的影响

正规金融与民间金融之间通常具有相互影响、相互协作、相互补充的关系，对于两者的相关性问题研究存在两种观点，一种认为两者之间是互补关系，另一种则认为是替代关系。对此，杨福明和黄筱伟（2009）选取银行信贷融资总额作为正规金融的经济指标，通过对其与民间借贷总额之间的相关性研究，发现两者间具有正相关关系，即正规金融与民间金融存在显著的协同发展效用，而不是替代效应。张雪春、徐忠和秦朵（2013）同样认为民间金融是对正规金融的补充，并且从长期看全国银行系统的流动性状况（存款准备金率、实际存款利率）对温州民间借贷利率的变化起主导作用。

在研究正规金融对民间借贷利率的影响时，中国人民银行温州市中心支行课题组（2011）选取的变量为贷款利率和新增贷款总额，通过研究发现正规金融机构的贷款利率对其冲击较小；而叶茜茜（2011）选取一年期贷款利率和贷款余额，证明民间金融利率水平的变动，在很大程度上就是市场主体对正规金融信贷调控的回应；同样周明磊（2009）选取金融机构月末贷款量的增长率以及存款量的增长率加以研究，认为存贷款的调控都能影响到民间利率，贷款的影响要大于存款的影响，存款的增长对贷款的增长有较大依赖性；童笛和张文彬（2013）认为，信贷资金供给对民间借贷利率有显著影响，且在不同民间借贷利率水平下，其影响程度不同。

综上，学者在研究正规金融对于民间借贷利率的影响时，选取的变量包括一年期贷款利率、贷款余额、新增贷款余额、贷款余额增长率以及存款量增长率，且多数情况下认为正规金融能够显著影响民间借贷利率；除了上述提及因素，正规金融的寻租行为、信贷结构调整同样会影响民间借贷利率（叶茜茜，2011），只是由于无法量化，构建模型时通常无法将其一并考虑。

（三）当地经济对民间借贷利率的影响

由于我国的民间借贷市场具有区域分割性以及民间借贷形式多样性，民间借贷利率作为民间金融市场的核心和民间借贷资金的价格，往往呈现出分散性、区域性和层次性特征。因此当地经济状况不同，民间借贷利率的波动通常也不尽相同。

诸多学者认为消费价格指数 CPI 是影响民间借贷利率的一个重要因素，如：童笛和张文彬（2013）发现温州市 CPI 同比指数对民间借贷利率有显著性影响；丁骋骋和邱瑾（2012）根据温州民间借贷利率监测表情况，从 2006 年至 2012 年，6—12 个月和 1 年以上两种期限的民间借贷利率与 CPI 之间存在协整；叶茜茜（2011）通过对温州市从 1980 年至 2009 年的数据分析，发现民间借贷利率与 CPI 之间的相关性不断增强。

此外，房地产价格也会影响民间借贷利率，郭子铭和梁柏斯（2013）通过研究温州市房屋销售价格指数与民间利率的关系，发现温州市房价对民间借贷利率具有长期显著的影响，其领先于民间借贷利率走势 6—12 个月的时间，其中滞后 10 个月时具有最好的预测效力。

基于以往对于民间借贷利率影响因素的研究角度过于单一，我们尝试从多个角度分析宏观经济中有哪些因素能够影响温州民间借贷利率的波动。

第八章

宏观因素对温州民间借贷
利率影响的实证分析

第一节　研究视角的选择

　　决定或影响民间借贷利率水平的因素有很多，我们基于宏观视角，从货币政策、正规金融及温州当地经济3个方面研究其对温州民间借贷利率的影响。货币政策会影响整个社会的资金松紧程度，当实行紧缩性货币政策时，银根趋紧，商业银行的信贷投放量减少，贷款者融资程度增加，从而使其转向民间借贷，民间借贷市场资金需求增加，利率也随之上升；正规金融的货币供给状况同样会影响民间借贷利率，金融机构的贷款利率上升，或者银行的信贷投放量减少，市场资金吃紧，均会引起民间借贷市场资金价格的上升（如图8-1）。温州当地的经济状况，如消费价格指数CPI，房价均会引起民间借贷利率的波动。

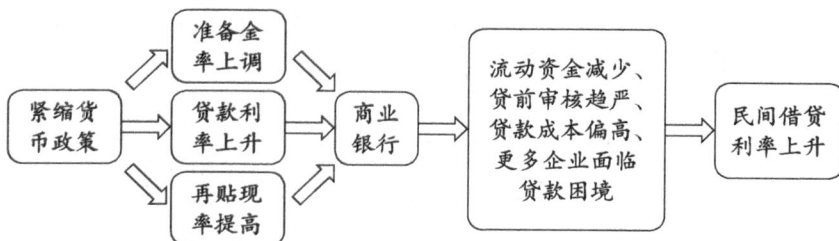

图 8-1　货币政策到民间借贷利率的传导途径示意图

第二节　指标选取及模型设计

我们选取了从 2005 年 6 月至 2014 年 2 月共计 525 个月度数据作为样本数据。温州民间借贷利率的月度数据来自中国人民银行温州市中心支行，其余变量的数据来自同花顺 iFinD。

温州民间借贷利率（R）：中国人民银行于 2003 年在温州设立 300 个民间利率监测试点，建立了由信贷员调查汇总的民间利率监测制度，正是基于这些监测试点提供的民间借贷市场的平均利率数据。

存款准备金率（RR）：存款准备金率是中国人民银行一项主要的货币政策，政策对经济变量的作用效果受市场预期、机构博弈等多方面影响，整体而言，存款准备金率的提高，会经过多重传导从而提高民间借贷利率。存款准备金率是调整民间借贷利率的最终杠杆（周明磊和任荣明，2007），从 2007—2012 年期间，央行共调整存款准备金率 34 次，如图 8-2 所示，存款准备金率与民间借贷利率的相关性很强，尤其是 2007 年后，两者走势大致相同。

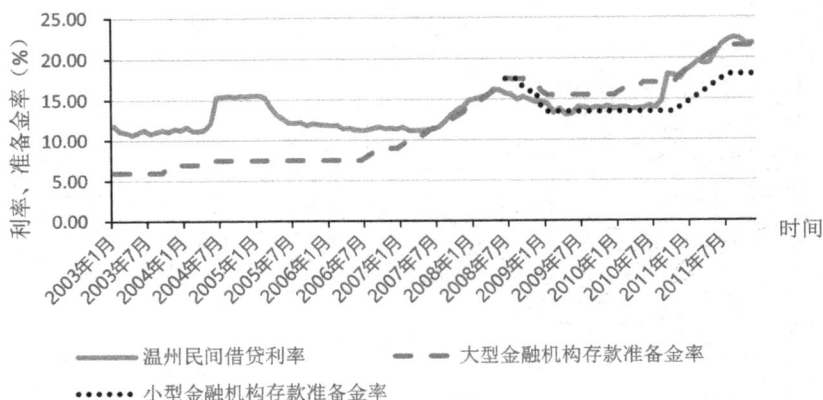

图8-2 温州民间借贷利率与存款准备金率走势比较图

贷款余额增长率（LZ）：贷款投放对市场利率有直接冲击作用，贷款余额的增长率反映金融机构的信贷投放速度。该指标越大，表明金融信贷越宽松。

温州地区消费价格指数（CPI）：消费价格指数的上涨导致货币购买力下降，预期通货膨胀率会提高，货币当局为稳定物价，经常通过提高利率以减少货币的供给量。

温州房屋销售价格指数（P）：温州人极其偏好投资房地产，房地产价格上升。尽管风险随着增加，但为了获得高收益，他们不惜以高利率从民间资本市场进行融资。民间资本的需求上升，借贷利率同样上升。

假设所有变量之间不存在同期影响，因此构建向量自回归模型（VAR）来研究各影响因素与民间借贷利率之间的动态关系，VAR模型采用多方程联立的形式，在模型的每一个方程中，各个内生变量对模型中所有内生变量的滞后值进行回归，从而估计全部内生变量之间的动态关系。首先通过VAR模型进行脉冲响应分析，可得出民间借贷利率对各经济变量冲击的响应方向与程度，再根据方差分解得出各经济变量对民间借贷利率的影响程度。我们构建的 VAR 模型可表示为：

$$\Pi_0 Y_t = \mu + \Pi_1 Y_{t-1} + \Pi_2 Y_{t-2} + \cdots \Pi_k Y_{t-k} + u_t \qquad （8-1）$$

式中：

$$Y_t = \begin{bmatrix} R \\ RR \\ LZ \\ CPI \\ P \end{bmatrix}$$ 为 5×1 阶时间序列；

μ 为 5×1 阶常数项列向量；

Π_1，…，Π_k 均为 5×5 阶参数矩阵；

R 为温州民间借贷利率；

RR 为存款准备金率；

LZ 为贷款余额增长率；

CPI 为温州地区消费价格指数；

P 为温州地区房屋销售价格指数。

样本选自 2005 年 6 月至 2014 年 2 月的月度数据。

第三节 基于 VAR 模型的前置检验

一、平稳性检验

在 VAR 模型的分析中，由于要对所有变量的滞后项进行联合显著性检验，因此要求所有变量的数据平稳。我们采用 ADF 单位根检验法，对 5 个时间序列进行平稳性检验。该检验的原假设为存在单位根，即序列非平稳，检验结果如表 8-1。

表 8-1　各经济变量平稳性检验结果

变量	ADF 统计量	临界值			P 值	结论
		1%	5%	10%		
R	−1.298	−4.049	−3.454	−3.152	0.882 7	非平稳
RR	−2.156	−4.051	−3.455	−3.153	0.504 8	非平稳
LZ	−3.432	−4.051	−3.455	−3.153	0.052 8	非平稳
CPI	−1.944	−4.049	−3.454	−3.152	0.624 1	非平稳
P	−1.318	−4.050	−3.454	−3.153	0.877 8	非平稳
DR	−8.170	−2.588	−1.944	−1.615	0.000 0	平 稳
DRR	−2.589	−2.588	−1.944	−1.615	0.001 0	平 稳
DLZ	−3.033	−2.588	−1.944	−1.615	0.002 7	平 稳
DCPI	−11.289	−2.588	−1.944	−1.615	0.000 0	平 稳
DP	−7.938	−2.588	−1.944	−1.615	0.000 0	平 稳

由上述检验结果可以看出，5 个变量的原始序列在 1% 的显著性水平下均非平稳，但是将 5 个变量进行一阶差分后，即 DR、DRR、DLZ、DCPI、DP 均为平稳序列，因此原序列均一阶单整 I（1），表明各变量之间可能存在长期的协整关系。

二、滞后阶数的选择及协整检验

根据平稳性检验结果，5 个时间序列均为一阶单整，可进行 Johensen 协整检验，以判断各变量之间是否存在长期的协整关系。在进行协整检验之前，需要建立 VAR 模型，以确定协整分析的滞后阶数。若选择的滞后阶数太大，会导致模型的自由度减小，直接影响模型参数估计量的有效性；若滞后阶数太小，则不能充分反映所构建模型的动态特征，因此需要综合考虑以选择一个较合适的滞后阶数，确定滞后阶数的方法主要有 SC 准则，AIC 信息准则以及 LR 统计量。

首先建立 VAR 模型，选取最大滞后阶数为 8，所得到的 SC 准则、AIC 信息准则以及 LR 统计量的值如表 8-2 所示。

表 8-2　VAR 模型的滞后期选择

阶数	LR	AIC	SC
0	NA	12.015 22	12.148 78*
1	96.608 21	11.462 63	12.263 99
2	51.801 27	11.374 03	12.843 19
3	50.568 82	11.262 76	13.399 71
4	54.630 73*	11.055 18*	13.859 94
5	34.838 95	11.078 31	14.550 87
6	22.670 81	11.250 37	15.390 72
7	26.007 22	11.337 75	16.145 90
8	34.721 38	11.227 28	16.703 23

注：* 表示相应准则所选择的滞后阶数。

如表 8-2 所示，LR 统计量和 AIC 信息准则表明需要建立一个滞后四阶的 VAR 模型，而 SC 准则 VAR 的滞后期应为 0 阶，根据少数服从多数的原则，将 VAR 模型的滞后期定为 4 阶。

VAR 模型的滞后期已定，接着做协整关系检验。经济变量之间存在协整关系，则表明有某种内在机制制约着各变量的运动，使得变量之间短期内的偏离不会太远，长期内则会走向均衡。不存在协整关系的 VAR 模型会发生错误识别，没有意义，只有在确认具有协整关系的 VAR 模型，才能进行脉冲响应分析和方差分解。我们采用 Johansen 协整检验，检验时的滞后期为 VAR 模型的滞后期减去一阶，即 3 阶，结果如表 8-3 所示。

表 8-3　Johansen 协整检验结果

协整变量：R, RR, LZ, CPI, P								
原假设	特征值	迹统计量检验			原假设	最大特征值统计量检验		
		迹统计量	临界值 5%	Prob**		最大特征值统计量	临界值 5%	Prob**
0 个 **	0.429 957	134.700 3	69.818 89	0.000 0	0 个 **	56.204 30	33.876 87	0.000 0
至多 1 个 **	0.359 233	78.495 97	47.856 13	0.000 0	至多 1 个 **	44.508 96	27.584 34	0.000 1
至多 2 个 **	0.156 340	33.987 01	29.797 07	0.015 5	至多 2 个	17.000 60	21.131 62	0.172 0
至多 3 个 **	0.108 462	16.986 42	15.494 71	0.029 6	至多 3 个	11.480 69	14.264 60	0.131 7
至多 4 个 **	0.053 569	5.505 729	3.841 466	0.018 9	至多 4 个	2.505 729	3.841 466	0.088 9

注：** 表示在 5% 的显著性水平下拒绝原假设。

由表 8-3 所示，在 5% 的显著性水平下，特征根迹检验表明至少存在 5 个协整向量，而最大特征值统计量检验表明存在 2 个协整向量，尽管两者检验方法在协整向量个数上存在冲突，有一点可以肯定，就是必定存在协整关系，因为我们进行实证分析时构建的是 VAR 模型，并不涉及协整向量的选择，故而只需证明存在协整关系即可。

三、模型稳定性检验

VAR 模型的稳定性是指当把一个脉动冲击施加在 VAR 模型中某一个方程的信息过程上时，随着时间的推移，这个冲击会逐渐消失。若 VAR 模型不稳定，脉冲响应分析和方差分解的结果都是不准确的。根据之前所选的滞后期 4 阶，建立相应的 VAR 模型，进行稳定性检验。检验结果如图 8-3 所示，所有特征值都在单位圆以内，因此该模型是稳定的，可以进行后续分析，其脉冲响应分析具有一定的参考价值。

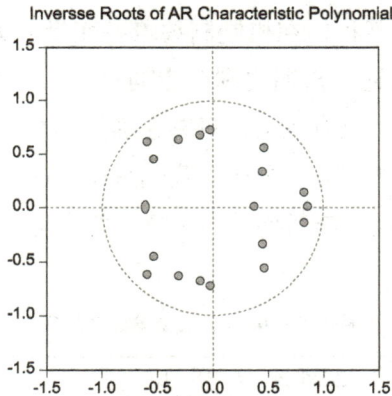

Inversse Roots of AR Characteristic Polynomial

图 8-3　AR 根检验图

第四节 基于 VAR 模型的宏观因素与民间借贷利率实证分析

一、脉冲响应分析

脉冲响应分析，是在随机误差项上施加一个标准差大小的冲击后，对内生变量的当期值和未来值所带来的影响。对根据 R，RR，LZ，CPI，P 所构建的 VAR 模型进行脉冲响应分析，由于变量的数据均为月度数据，因此选择滞后期长度为 1 年，即 12 期。图 8-4，图 8-5，图 8-6，图 8-7 分别为温州民间借贷利率 R 对存款准备金率 RR、正规金融贷款余额增长率 LZ、温州消费价格指数 CPI、温州地区房屋销售价格指数 P 的脉冲响应图，其中横坐标表示冲击发生后的时间间隔，即以月份为单位的滞后期，纵坐标表示冲击力度。

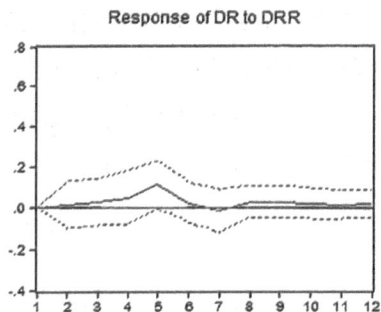

Response of DR to DRR

图 8-4 R 对 RR 冲击的响应图

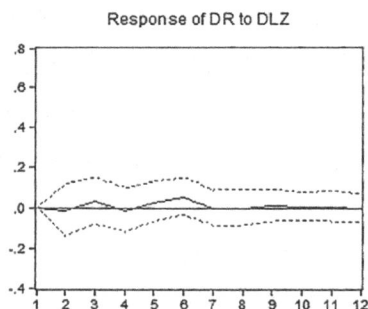

Response of DR to DLZ

图 8-5 R 对 LZ 冲击的响应图

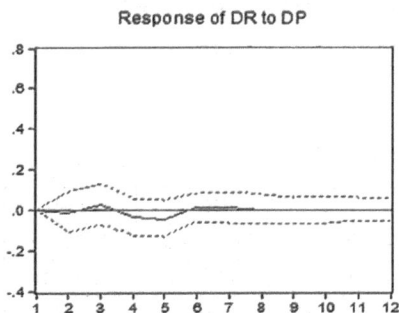

Response of DR to DP

图 8-6 R 对 P 冲击的响应图

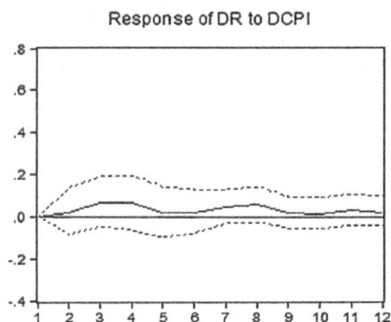

Response of DR to DCPI

图 8-7 R 对 CPI 冲击的响应图

由图 8-4 可以看出，当给存款准备金率一个标准差的正向冲击后，会对温州民间借贷利率的水平产生一个正向作用，引起民间借贷利率逐渐上升，且在第 5 期达到最大值 0.15，随后减小，到第 6 期影响基本消失。因此，温州民间借贷利率的变动相对于存款准备金率而言滞后6 期。

由图 8-5 可以看出，当给贷款余额增长率一个标准差的正向冲击后，首先会对温州民间借贷利率的水平产生一个负向作用，随后开始波动，到第 6 期达到最高点，到第 7 期影响基本消失。总的来说，贷款余额增长率对温州民间借贷利率的影响很小，且先负后正。

由图 8-6 可以看出，当给温州地区房价一个标准差的正向冲击后，温州民间借贷利率在前 6 期内会正负向波动，第 6 期以后影响为 0。总的来说，温州地区房价对其民间借贷利率的影响非常小。

由图 8-7 可以看出，当给温州地区销售价格指数一个标准差的正向冲击后，温州民间借贷利率逐渐上升，且在第 3 期达到最高点，增加了 0.07 个百分点，随后下降至 0，但之后也会有一个小幅波动。总体而言，温州地区消费价格指数会推升民间借贷利率，且影响时长为 5 期。

二、方差分解

方差分解能够给出对 VAR 模型中的变量产生影响的每个随机扰动的相对重要性的信息，因此为了进一步分析各个变量对温州民间借贷利率影响程度，我们采用方差分解对民间借贷利率波动的原因进行考察，分析存款准备金率、贷款余额增长率、消费价格指数以及房价的变动对于温州民间借贷利率变动的重要性，具体结果如表 8-4 所示。

表 8-4　温州民间借贷利率的方差分解

序列	S.E	DR	DRR	DLZ	DCPI	DP
1	0.519 278	100.000 0	0.000 000	0.000 000	0.000 000	0.000 000
2	0.524 922	99.629 31	0.050 717	0.054 120	0.111 938	0.153 914
3	0.536 796	97.246 16	0.252 112	0.430 063	1.906 099	0.165 568

续　表

序列	S.E	DR	DRR	DLZ	DCPI	DP
4	0.547 206	94.775 10	0.977 851	0.491 159	2.734 827	1.021 062
5	0.561 909	90.056 48	4.871 004	0.719 900	2.622 230	1.730 386
6	0.566 964	88.963 49	4.935 313	1.653 479	2.732 231	1.715 484
7	0.571 518	88.278 47	4.953 825	1.632 331	3.444 656	1.690 723
8	0.578 812	87.403 50	5.051 301	1.591 781	4.249 438	1.703 983
9	0.583 060	87.221 93	5.217 047	1.610 733	4.258 706	1.691 583
10	0.583 478	87.100 7	5.311 611	1.616 767	4.281 465	1.690 092
11	0.584 680	86.785 23	5.334 193	1.629 440	4.558 528	1.692 610
12	0.586 031	86.601 26	5.424 767	1.622 034	4.655 970	1.695 967

从表 8-4 可以看出，随着时间的推移，4 个影响因素的指标对温州民间借贷利率的影响程度逐渐增加，其中解释能力最大的为存款准备金率，到第 12 期，存款准备金率的解释能力占比为 5.4%；其次是消费价格指数，该指标对民间借贷利率的解释能力到 12 期达到稳定，为 4.7%；房屋销售价格指数和贷款余额增长率的解释能力都非常小，两者在第 7 期左右达到稳定，分别为 1.7% 和 1.6%。

第五节　小　结

根据 2005 年 6 月至 2014 年 2 月的温州民间借贷利率数据，基于宏观视角，建立向量自回归 VAR 模型，研究了货币政策、正规金融信贷政策、温州当地经济情况对温州民间借贷利率的影响。从脉冲响应的结果看，影响温州民间借贷利率的 4 个变量中，存款准备金率、消费价格指数对民间借贷利率产生正向作用，且作用的时间均持续 6 个月左右；金融机构贷款余额增量增长率和温州地区房价的上升会对民间借贷利率产生负向冲击，但是作用时间很短暂，且影响微乎其微。从方差分解的结果看，宏观经济对温州民间借贷利率走势有短期影响，只是影响程度并不大。民间借贷利率的波动由宏观经济的"推力"作用与民间金融微观机理的"拉力"作用合成，而其中微观机理的拉力起决定性作用，包括资金借贷方的投资习惯等。

综上所述，我们可得到如下结论：（1）货币政策工具尤其是存款准备金率对温州民间借贷利率的影响显著，且持续时间为半年。（2）为降低民间借贷利率，不适合进一步实行货币紧缩政策，否则会由于信贷总量的控制而推升民间借贷利率。同时也不宜立即转为宽松的货币政策，否则会导致由于通货膨胀或通货膨胀预期引起的利率提升，因此现应实行稳健的货币政策。（3）金融机构的信贷投放对民间借贷利率尽管有冲击力，但是影响很小，即民间借贷在一定程度上独立于金融信贷，因而要调控民间借贷仍要从创建良好的金融融资环境、改变企业融资习惯出发。（4）温州的资本外流和民间资本从事投机活动较多，这与政府未正确引导当地产业升级有关。因此，地方政府应积极促进产业升级，同时向民营资金开放部分原来垄断的行业，为民营资本提供更多的投资渠道；同时建立真正意义上的民营银行，才能更有效地为中小企业服务。

第九章

推动民间借贷利率
回归理性的政策建议

第一节　研究结论

民间借贷利率是反映民间借贷市场资金供求关系或资金价格的关键指标，我们聚焦温州民间借贷市场，抓住民间借贷利率这个牛鼻子，以温州民间借贷利率检测数据为支撑，实证地考察了民间借贷利率的统计特征、民间借贷利率的动态特征、民间借贷利率的微观决定机制以及影响民间借贷利率的宏观因素。

一、民间借贷利率的统计特征

我们首先从统计特征的角度对民间借贷利率及其期限结构的动态特征进行分析，得出温州民间借贷利率及其期限结构的特点。

（1）温州民间借贷利率水平约为同期银行贷款基准利率的2—3倍，且波动较大。1个月以内的借贷利率均值最高，利率波幅最大。

（2）民间借贷利率序列不服从正态分布，明显右偏，且有尖峰厚尾特征。

（3）温州民间借贷利率期限结构呈现U型特征，1年以内的短期利率期限结构存在倒挂的异常现象，而1年以上的借贷利率期限结构回复到一般形态。

在对民间借贷利率异常期限结构的解释上，本书论证了民间借贷利率期限结构的影响因素。市场短期利率预期、期限风险溢价、资金供给成本、资金需求成本以及正规金融市场对民间借贷利率及其期限结构都会产生影响。民间借贷利率水平反映了市场资金供求的基本动态，也说明了市场主体对正规金融市场上信贷调节的回应。

二、民间借贷利率的微观决定机制

为了考察民间借贷利率的微观决定机制，本书首先基于民间借贷市场主体行为、正规金融市场行为与民间借贷利率之间的联动机制，提出了民间借贷利率及其影响因素的一般性假说。然后，从温州众多中小民营企业主"跑路"的现实情况出发，在不完全合约框架下构建了一个信贷博弈模型，以NASH议价解析了正规金融市场行为、项目收益、贷款紧急程度、借款期限、借款者经营能力等变量对民间借贷利率的影响。通过解析不完全合约框架下的民间借贷市场主体的NASH议价过程，本书得到如下结论：

（1）民间借贷利率与正规金融市场利率并不必然是同向变动关系，若借款人议价能力较强，两者具有联动性，表现为同向变动关系；若借款人议价能力较弱，两者则不具有同向变动关系。

（2）民间借贷利率和借款人项目投资收益的关系取决于借款人相对议价能力。当借款人议价能力较弱时，借款利率与项目预期收益成正比；当借款人的议价能力较强时，借款利率与项目预期收益成反比。

（3）民间借贷利率一般与贷款期限正相关，但借贷双方一些特殊的期限偏好可能导致借贷利率与期限出现负相关的情形。

（4）民间借贷利率与贷款紧急程度正相关。

（5）民间借贷利率与借款人经营能力负相关。

（6）民间借贷利率与贷款占比的关系与利率水平有关。

（7）民间借贷利率与借款人交易成本成反比，与放贷人交易成本成正比。

上述结论与一般债务合约的比较静态分析结论大相径庭，原因在于本模型中引入了表征市场结构的议价能力系数。

上述结论揭示了驱动温州民间借贷市场运行的内在动力根源：温州民间借贷市场存在两种不同的资金需求者，即将资金投入生产经营渠道的企业家与将资金用于非生产经营渠道的投机者。前者议价能力较强，具有在正规金融市场与民间借贷市场之间进行选择的权利；而后者议价能力较弱，只能被动接受民间借贷市场的高利率要求。

因此，本书研究发现温州民间借贷市场的真实状况是：一方面，温州正规金融体系对中小企业的支持力度较大，民间借贷是中小企业基于降低交易成本等原因所做的自主选择，而非受正规金融体系排斥的被动行为。另一方面，进行非生产经营用途的投机资金需求者们是引发民间借贷风险的根源，他们也正是这次温州民间借贷危机"跑路潮"的主体。

三、民间借贷利率动态特征

实证分析表明，不同期限的民间借贷利率尽管呈现不同的动态特征，但也存在一定程度上的共性。

（1）民间借贷各期限的利率普遍具有显著的水平效应。利率波动对利率水平很敏感，高利率水平会带来更大的利率波动。究其原因，可能是民间金融市场的约束力不足，市场主体在金融投资时缺乏理性，在高收益的诱导下会从事高风险投资，进入高风险行业。

（2）民间借贷各期限利率均对外部信息的冲击不敏感。这说明民间借贷利率有其自身的变动路径，在利率的形成中更多的是受民间借贷市场自身固有的资金供求规律影响。

（3）从模型的实证结果看，总的来说，CKLS 模型能较好地捕捉到除 1—6 个月期限的民间借贷利率动态规律，而 CKLS 的扩展模型可以较好地拟合 1—6 个月借贷期限的民间借贷利率变动。

实证研究结论给出了民间借贷利率期限结构的动态特征，这有助于深入认识民间借贷利率的波动规律与均值回复性。基于民间借贷利率期限结构的动态特征，可利用随机利率期限结构模型对民间借贷风险进行定量化的管理，进而预测民间借贷利率波动性，并在此基础上构造利率风险的免疫组合策略。

四、宏观因素对民间借贷利率的影响

基于宏观视角、运用向量自回归（VAR）模型进行脉冲响应分析，结果表明：存款准备金率、消费价格指数对民间借贷利率产生正向冲击，且冲击的时间均持续 6 个月左右；金融机构贷款余额增量增长率和温州地区房价的上升会对民间借贷利率产生负向冲击，但是冲击持续的时间很短暂，且影响微乎其微。进一步的方差分解结果显示：宏观经济对温州民间借贷利率走势有短期影响，只是影响程度并不大。民间借贷利率的波动受宏观经济的"推力"与民间金融微观机理的"拉力"共同作用，而其中微观机理的"拉力"起着决定性作用，包括资金借贷方的投资习惯等。

第二节　推动民间借贷利率回归理性的政策建议

民间借贷利率由民间借贷市场中的资金供求双方直接议价决定，在某种意义上，民间借贷利率比较贴近真实的市场利率。因此，我国市场化的利率改革必须正视民间借贷利率。如何合理引导民间借贷利率定价机制，完善民间借贷利率形成机制对于实现民间借贷市场的规范化发展、合理引导民间资金更好地服务于我国社会经济发展，对于在维护金融稳

定前提下推进我国利率市场化进程都具有重要的意义。为此，我们提出以下政策建议。

一、引导建立债务偿还协调机制

债务偿还机制的缺乏与民间借贷市场中特殊的债务追索方式使得民间借贷市场特有的群体惩罚机制失效。特定情况下，民间借贷行为成为必然违约的、不可重复的一次博弈过程。引导建立合理的债务偿还协调机制，一方面，能够有效减少借款人的违约行为，降低民间借贷双方的损失，同时也将大大降低民间借贷市场的风险水平，有利于民间借贷市场的规范化发展；另一方面，也有助于实现更合理的民间借贷利率定价机制，因为合同不完全性的重要经济含义之一是交易收益的分配还要取决于缔约方事后的讨价还价能力[①]。事实上，违约或破产以后的债务重组过程才是动态债务模型的研究要点。对于民间借贷利率决定模型而言，债务偿还协调机制的建立将改变模型中借贷双方的效用函数，并改变最终的民间借贷利率水平，而这将是一个更为合理的利率水平。

二、构建合适的民间借贷利率定价外部环境

在现有法律框架内进一步明晰民间借贷界限，以便于加强对合法民间借贷行为的法律保护，同时加大对高利贷等非法民间借贷行为的打击力度，以规范民间借贷市场。成立专门为民间借贷提供相应的法律和咨询服务的民间借贷咨询服务机构，如审计、会计和资产管理机构，以引导民间借贷利率的规范化定价。合适的外部服务体系的建立，将为民间借贷利率形成与定价提供良好的外部发展环境。

三、完善民间借贷利率监测制度，提高民间借贷利率监测数据准确性

由于民间借贷利率属于私人信息，借贷双方出于对自身及家人的保护以及怕露富等顾虑，往往不愿积极主动地配合借贷利率监测工作。这

[①] 奥利弗·哈特：《企业、合同与财务结构》，费方域译，上海人民出版社 1998 年版。

就需要我们通过报刊、网络等媒介，宣传民间借贷利率监测工作的目的、意义和作用，进行相关的政策解释，消除民间借贷参与人的疑虑，令其积极主动地配合调查，真实反映民间借贷情况。另外，由于民间借贷市场存在较大的地区差异，民间借贷监测工作应结合各地经济发展状况合理确定、筛选民间借贷利率监测点；同时，根据民间借贷发展特点采取灵活多样的监测方式，以便真实、准确地监测民间借贷利率实际情况，及时掌握民间借贷市场的资金来源、资金运行、利率变化等情况。民间借贷利率的实际情况的准确把握，对于民间借贷利率定价机制的完善、我国利率市场化进程的推进，尤其是农村信用社贷款利率的市场化定价具有重要意义。

四、加快经济结构转型与产业结构升级步伐

正如前文推论一所示，温州正规金融体系对中小企业的支持力度较大，温州民间借贷危机的原因不是中小企业融资难问题。事实上，这次危机的重要原因之一恰恰是企业融资过于容易。原材料、土地、劳动力等要素资源价格的不断上升，使得温州低成本制造优势逐渐丧失，企业平均利润不断下降。温州区域金融危机爆发之际，多数温州民营企业的利润率介于3%—5%之间，还赶不上通胀的水平。在这种情况下，很多企业早已无心正业，近十几年来我国经济虚拟化的趋势给产业资本逃逸创造了绝佳的机会，资本的逐利天性使得实体制造业空心化成为必然趋势，同时正规信贷与民间金融的双重支持助长了企业家们炒楼、炒股、炒黄金、炒大宗商品、炒热点概念的热情。一旦出现政策调控，企业资金链条很容易吃紧乃至断裂。因此，政府加快经济结构转型与产业结构升级步伐，将为民间资本回归实业提供压力与动力。若市场上不存在明显暴利的机会，逐利而来的资本将回归实业并推动中国经济完成产业结构升级的迫切任务。事实上，产业结构的升级与民间借贷利率定价机制的完善是一个相互促进的良性循环过程。

五、完善正规金融市场，创新正规金融工具

首先，民间借贷的高利率主要是受资金供求的影响，且与正规金融市场存在联动性。民间借贷利率的市场化程度较高，能对货币政策和资金供求变动迅速做出反应。从资金需求上，当央行实行紧缩性货币政策时，中小企业和居民从正规金融渠道融资困难的时候，民间借贷资金需求往往迅速上升。从资金供给上，在逐利动机的驱使下，更多的社会资金进入民间金融市场。这一方面会影响货币政策的效果，另一方面大量资金脱离金融监管，也会加大风险的堆积，引致民间金融风险。因此，控制民间借贷的高利率可以考虑从完善正规金融市场着手，根据企业和居民的资金需求，创新手段，开发新的融资服务，如推进中小企业资产证券化（ABS）、发展区域性小微企业债券市场及股权市场、规范发展区域性中小民营银行及小贷公司、鼓励民间资本主动参与具备资质的私募股权投资。

六、强化金融基础设施建设，服务民间借贷市场

民间借贷利率之所以存在高利率、信息欺诈等风险因素，与民间金融市场自身机制的不完善有关。推动民间借贷利率正常化，从根本上来说应推进民间借贷市场的制度建设，加强政府对民间金融的服务与保障。尤其针对民间借贷市场存在的严重信息不对称问题，可以建立非营利的民间金融服务中心，以透明、高效、全面的信息服务促进民间借贷阳光化。

七、采取宏观审慎政策，引导民间借贷健康发展

宏观因素对民间借贷利率具有显著影响。采取宏观审慎政策，有助于引导民间借贷活动，助推民间借贷利率回归理性。为降低民间借贷利率，不适合进一步实行货币紧缩政策，否则会由于信贷总量的控制而推升民间借贷利率；同时也不宜立即转为宽松的货币政策，否则会导致由于通货膨胀或通货膨胀预期引起的利率提升，因此现应实行稳健的货币政策；金融机构的信贷投放对民间借贷利率尽管有一定冲击，但是影响

很小，即民间借贷在一定程度上独立于金融信贷，因而要调控民间借贷仍要从创建良好的金融融资环境、改变企业融资习惯出发；温州的资本外流和民间资本从事投机活动较多，这与政府未正确引导当地产业升级有关。因此，地方政府应积极促进产业升级，同时向民营资金开放部分原来垄断的行业，为民营资本提供更多的投资渠道。

参考文献

[1] 爱德华·肖.经济发展中的金融深化 [M].邵伏军，等，译.上海：上海三联书店，1988.

[2] 奥利弗·哈特.企业、合同与财务结构 [M].费方域，译.上海：上海人民出版社，1998.

[3] 蔡超婴.民间金融高利率现象研究 [D].长沙：中南大学，2005.

[4] 陈明衡.温州民间借贷运作机制及宏观调控对民间借贷的影响 [J].中国金融，2005（17）：43-44.

[5] 陈婷.组建民营银行的条件及思路——对温州个案的实证分析 [J].经济论坛，2004（13）：82-84.

[6] 陈学胜.含跳跃过程单因子利率模型的估计 [J].南方经济，2006（10）：96-103.

[7] 程昆.非正规金融利率决定机制：一个信息基本对称的 NASH 议价解析 [J].上海经济研究，2006（5）：37-45.

[8] 戴建志.民间借贷法律实务 [M].北京：法律出版社，1997.

[9] 丁骋骋，邱瑾.民间借贷利率期限结构之谜——基于温州民间借贷利率监测数据的解释 [J].财贸经济，2012（10）：48-56.

[10] 董乐.我国短期利率均值回复假设的实证研究 [J].数量经济技术经济研究，2006（11）：151-160.

[11] 范龙振，王晓丽.上交所国债市场利率期限结构及其信息价值 [J].管理工程学报，2004（1）：72-75.

[12] 傅曼丽，屠梅曾，董荣杰.Vasicek 状态空间模型与上交所国债利率期限结构实证 [J].系统工程理论方法应用，2005，14（5）：458-461.

[13] 高铁梅.计量经济分析方法与建模 [M].北京：清华大学出版社，2006.

[14] 郭斌，刘曼路.民间金融与中小企业发展：对温州的实证分析 [J].经济研究，2002（10）：40-46，95.

[15] 郭涛，宋德勇.中国利率期限结构的货币政策含义 [J].经济研究，2008（3）：39-47.

[16]　郭子铭，梁柏斯．温州民间借贷利率与房地产价格的关系探究［J］．
　　　 时代金融，2013（4）：95-97.

[17]　何田．"地下经济"与管制效率：民间信用合法性问题实证研究
　　　 ［J］．金融研究，2002（11）：100-106.

[18]　洪永淼，林海．中国市场利率动态研究——基于短期国债回购利率
　　　 的实证分析［J］．经济学（季刊），2006，5（2）：511-532.

[19]　胡金焱，卢立香．中国非正规金融研究的理论综述［J］．教学与研
　　　 究，2005（9）：75-81.

[20]　黄向红．完善法律制度，规范民间借贷软环境［J］．改革与理论，
　　　 2002（11）：45-46.

[21]　江曙霞，秦国楼．现代民间金融的政策与思考［J］．决策借鉴，
　　　 2000（8）：16-18.

[22]　江曙霞，秦国楼．信贷配给理论与民间金融中的利率［J］．农村金
　　　 融研究，2000（7）：4-7.

[23]　姜旭朝．中国民间金融研究［M］．济南：山东人民出版社，1996.

[24]　蒋安玲．国债收益率曲线的实证研究［D］．重庆：重庆大学，2005.

[25]　卡尔·马克思．资本论：第三卷［M］．北京：人民出版社，1996.

[26]　康正平．农村金融融资瓶颈与民间信用的替代效应分析［J］．金融
　　　 纵横，2004（12）：47-51.

[27]　李彪．利率期限结构理论及其应用研究［D］．天津：天津大学，
　　　 2004.

[28]　李丹红．农村民间金融发展现状与重点改革政策［J］．金融研究，
　　　 2000（5）：118-125.

[29]　李新月，刘君阳．探析民间借贷［J］．经济师，2003（2）：250.

[30]　林毅夫，孙希芳．信息、非正规金融与中小企业融资［J］．经济研
　　　 究，2005（7）：35-44.

[31]　刘静，郑震龙．我国民间金融的利率分析［J］．城市金融论坛，
　　　 2000（1）：11-14.

>6

[32] 刘晓菲. 我国中小企业的融资现状分析 [J]. 企业改革与管理，2008（6）：29-30.

[33] 罗纳德·I. 麦金农. 经济发展中的货币与资本 [M]. 卢骢，译. 上海：上海人民出版社，1997.

[34] 吕建斌，雷小宁. 引导规范民间借贷势在必行 [J]. 甘肃金融，1999（6）：32-52.

[35] 潘冠中，马晓兰. 应该用哪一个模型来描述中国货币市场利率的动态变化 [J]. 数量经济技术经济研究，2006（12）：54-63.

[36] 潘冠中，邵斌. 单因子利率模型的极大似然估计——对中国利率的实证分析 [J]. 财经研究，2004，（10）：62-69.

[37] 潘璐，马俊海. 利率动态模型研究评述——基于 Shibor 应用的视角 [J]. 金融教学与研究，2011（4）：55-58.

[38] 庞巴维克. 资本与利息 [M]. 何昆曾，高德超，译. 北京：商务印书馆，2010.

[39] 彭陆军. 我国现行民间借贷的效应分析及对策思考 [J]. 企业经济，2005（7）：158-160.

[40] 蒲祖河. 基于温州正规金融与民间金融结构现状的博弈分析 [J]. 经济社会体制比较，2007（3）：82-85.

[41] 任兆璋，彭化非. 我国同业拆借利率决定模型研究 [J]. 上海金融，2005（2）：36-38.

[42] 宋磊. 透视农村民间借贷 [J]. 信用合作，2005（8）：22-24.

[43] 唐齐鸣，高翔. 我国同业拆借市场利率期限结构的实证研究 [J]. 统计研究，2002（5）：33-36.

[44] 唐文琳，肖崎. 从民间借贷到民营银行：金融制度的创新 [J]. 广西大学学报，2004（4）：46-50.

[45] 童笛，张文彬. 民间借贷利率对宏观经济冲击的区制非对称响应：以温州为例 [J]. 中国经济问题，2013（4）：80-90.

[46] 王一鸣，李敏波. 非正规金融市场借贷利率决定行为：一个新分析框架 [J]. 金融研究，2005（7）：12-23.

[47] 温铁军.农户信用与民间借贷研究——农户信用与民间借贷课题组报告［C］.北京：中国经济信息网 50 人论坛，2001-06-07.

[48] 吴国联.对当前温州民间借贷市场的调查［J］.浙江金融，2011（8）：25-27.

[49] 吴恒煜，陈鹏，杨启敏.两类短期利率模型的实证研究——基于 GARCH 类模型与单因子扩散模型的比较［J］.河南金融管理干部学院学报，2008，26（5）：7-12.

[50] 吴雄伟，谢赤.银行间债券市场回购利率的 ARCH/GARCH 模型及其波动性分析［J］.系统工程，2002，20（5）：88-91.

[51] 吴泽福.利率期限结构波动效应的协整实证［J］.华侨大学学报（自然版），2010，31（1）：99-105.

[52] 谢赤，吴雄伟.基于 Vasicek 和 CIR 模型中的中国货币市场利率行为实证分析［J］.中国管理科学，2002，10（3）：22-25.

[53] 杨福明，黄筱伟.非正规金融与正规金融协同性的实证分析——温州案例［J］.上海金融，2009（4）：84-88.

[54] 姚耀军.非正规金融市场：反应性还是自主性？——基于温州民间利率的经验研究［J］.财经研究，2009（4）：28-48，71.

[55] 叶茜茜.影响民间金融利率波动因素分析——以温州为例［J］.经济学家，2011（5）：66-73.

[56] 叶茜茜.正规金融信贷对民间金融利率的影响分析——以温州为例［J］.生产力研究，2011（6）：46-48.

[57] 虞群娥，李爱喜.民间金融与中小企业共生性的实证分析——杭州案例［J］.金融研究，2007（12）：215-222.

[58] 张建军.正规金融机构退出后的信贷市场研究：广东省恩平市个案分析［J］.金融研究，2003（7）：129-136.

[59] 张杰.民营经济的金融困境与融资次序［J］.经济研究，2000（4）：3-10.

[60] 张杰.中国体制外增长中的金融安排［J］.经济学家，1999（2）：38-43.

[61] 张军.改革后中国农村的非正规金融部门：温州案例［J］.中国社会科学季刊（香港），1997（20）：91-103.

[62] 张晓娟，常彤，纪礼文.利率期限结构实证研究——基于我国的CHIBOR 利率［J］.商业文化（学术版），2010（8）：110.

[63] 张雪春，徐忠，秦朵.民间借贷利率与民间资本的出路：温州案例［J］.金融研究，2013（3）：1-14.

[64] 郑尧天，杜子平.EGARCH 模型在同业拆借利率预测中的应用［J］.湖北民族学院学报（自然科学版），2007（2）：234-237.

[65] 郑振龙，林海.中国市场利率期限结构的静态估计［J］.武汉金融，2003（3）：33-36.

[66] 中国人民银行温州市中心支行课题组.温州民间借贷利率变动影响因素及其监测体系重构研究［J］.货币银行，2011（1）：15-20.

[67] 周明磊，任荣明.正规金融与民间借贷利率间相互关系的时间序列分析［J］.统计与决策，2010（1）：126-129.

[68] 周明磊.温州民间借贷利率与金融信贷传导机制分析［J］.数学的实践与认识，2009（10）：11-19.

[69] 周荣俊.不同货币政策影响下民间借贷发展的比较分析［J］.上海金融，2010（1）：92-95.

[70] 朱世武，陈健恒.交易所国债利率期限结构实证研究［J］.金融研究，2003（10）：63-73.

[71] 庄东辰.利率期限结构的实证研究［J］.中国证券报，1996（6）：19.

[72] ADAMS D W, VON PISCHKE J D. Microenterprise credit programs: deja vu ［J］. Would development, 1992, 20（10）: 1463-1470.

[73] AIT-SAHALIA Y. Testing continuous-time models of the spot interest rate ［J］. Review of financial studies, 1996, 9（2）: 385-426.

[74] ANDERSEN T G, LUND J. Stochastic volatility and mean drift in the short term interest rate diffusion: sources of steepness, level and curvature in the yield curve [R]. Admissions: Northwestern University, Working Paper, 1997.

[75] ARYEETEY E. Informal finance for private sector development in Africa [R]. Africa: A Background Paper Prepared for the African Development Report, 1998.

[76] ARYEETEY E. The relationship between the formal and informal sectors of the financial market in Ghana [R]. Nairobi: African Economic Research Consortium, Research Paper 10, 1992.

[77] ATIENO R. Formal and informal institutions lending policies and access to credit by small-scale enterprises in Kenya: an empirical assessment [R]. Nairobi: African Economic Research Consortium, Research Paper 111, 2001.

[78] BALL C A, TOROUS W N. Unit roots and the estimation of interest rate dynamics [J]. Journal of empirical finance, 1996, 3 (2): 215-238.

[79] BEKAERT G, HODRICK R J. Expectations hypotheses tests [J]. The journal of finance, 2001, 56 (4): 1357-1394.

[80] BHATTACHARJEE M, RAJEEV M. Interest rate formation in informal credit markets in India: does level of development matter? [R]. The University of Manchester, Brooks World Poverty Institute Working Paper 126, 2010.

[81] BOTTOMLEY A. Interest rate determination in underdeveloped rural areas [J]. American journal of agricultural economics, 1964, 46 (2): 313-322.

[82] BOUMAN F J A. Informal rural finance: an Alladin's lamp of information [J]. Sociologia ruralis, 1990, 30 (2): 155-173.

[83] BRENNER R J, HARJES R H, KRONER K F. Another look at models of the short-term interest rate [J]. Journal of financial and quantitative analysis, 1996, 31 (1): 85-107.

[84] CHAN K C, KAROLYI G A, LONGSTAFF F A, et al. An empirical comparison of alternative models of the short - term interest rate [J]. The journal of finance, 1992, 47 (3): 1209-1227.

[85] CHAPMAN D A, PEARSON N D. Is the short rate drift actually nonlinear? [J]. The journal of finance, 2000, 55 (1): 355-388.

[86] COASE R H. The nature of the firm [J]. Economica, 1937, 4 (16): 386-405.

[87] COX J C, INGERSOLL J E, ROSS S A. A theory of the term structure of interest rates [J]. Econometrica, 1985, 53 (2): 385-407.

[88] CUTHBERTSON K, NITZSCHE D. Long rates, risk premia and the over-reaction hypothesis [J]. Economic modelling, 2003, 20 (2): 417-435.

[89] DURHAM G B, GALLANT A R. Numerical techniques for maximum likelihood estimation of continuous-time diffusion processes [J]. Journal of business and economic statistics, 2002, 20 (3): 297-338.

[90] ENGLE R F, LILIEN D M, ROBINS R P. Estimating time varying risk premia in the term structure: the ARCH-M model [J]. Econometrica, 1987, 55 (2): 391-407.

[91] ISAKSSON A. The importance of informal finance in Kenyan manufacturing [R]. SIN Working Paper Series, 2002.

[92] JONGEN R, VERSCHOOR W F C, WOLFF C C P. Time variation in term premia: international survey-based evidence [J]. Journal of international money and finance, 2011, 30 (4): 605-622.

[93] LONGSTAFF F A, SCHWARTZ E S. Interest rate volatility and the term structure: a two-factor general equilibrium model [J]. The journal of finance, 1992, 47 (4): 1259-1282.

[94] MANKIW N G, MIRON J A. The changing behavior of the term structure of interest rates [J]. The quarterly journal of economics, 1986, 101（2）: 211-228.

[95] MCKINNON R. Money and capital in economic development [M]. Washington: The Brookings Institution, 1973.

[96] MERTON R C. An intertemporal capital asset pricing model [J]. Econometrica, 1973, 41（5）: 867-887.

[97] SCHREINER M. Informal finance and the design of microfinance [J]. Development in practice, 2001, 11（5）: 637-640.

[98] STANTON R. A nonparametric model of term structure dynamics and the market price of interest rate risk [J]. The journal of finance, 1997, 52（5）: 1973-2002.

[99] STIGLITZ J E, WEISS A. Credit rationing in markets with imperfect information [J]. The American economic review, 1981, 75（3）: 393-410.

[100] STIGLITZ J E. Peer monitoring and credit market [J]. World Bank economic review, 1990, 4（3）: 351-366.

[101] THORNTON D L. The Fed and short-term rates: is it open market operations, open mouth operations or interest rate smoothing? [J]. Journal of banking and finance, 2004, 28（3）: 475-498.

[102] VARIAN H R. Monitoring agents with other agents [J]. Journal of institutional and theoretical economics, 1990, 146（1）: 153-174.

[103] VASICEK O. An equilibrium characterization of the term structure [J]. Journal of financial economics, 1977, 12（4）: 627-627.

[104] WORLD BANK. Informal financial markets under liberalization in four African countries [J]. World development, 1997, 25（5）: 817-830.

附　录

附录一：温州市民间借贷利率监测问卷汇总表

温州市民间借贷利率监测问卷汇总表

20xx 年 x 月		笔数	金额	平均利率	最高利率	最低利率
项目 ＼ 栏目					单位：笔、万元、‰	
民间借贷总计						
借贷关系	个人借给个人					
	个人借给企业					
	企业借给个人					
	企业借给企业					
	其他					
借贷方式	信用借贷					
	抵押、担保、质押					
	其他					
用途	生产经营					
	家用消费					
	投资					
	其他					
期限	1 个月内					
	1 至 6 个月					
	6 至 12 个月					
	1 年以上					
到期未归还金额						
金融机构贷款						

附录二：银行贷款基准利率调整表

银行贷款基准利率调整表

	6个月（含）	1年（含）	1~3年（含）	3~5年（含）	5年以上
2002-02-21	5.04%	5.31%	5.49%	5.58%	5.76%
2004-10-29	5.22%	5.58%	5.76%	5.82%	6.12%
2006-04-28	5.40%	5.85%	6.03%	6.12%	6.39%
2006-08-19	5.58%	6.12%	6.30%	6.48%	6.84%
2007-03-18	5.67%	6.39%	6.57%	6.75%	7.11%
2007-05-19	5.85%	6.57%	6.75%	6.93%	7.20%
2007-07-21	6.03%	6.84%	7.02%	7.20%	7.38%
2007-08-22	6.21%	7.02%	7.20%	7.38%	7.56%
2007-09-15	6.48%	7.29%	7.47%	7.65%	7.83%
2007-12-21	6.57%	7.47%	7.56%	7.74%	7.83%
2008-09-16	6.21%	7.20%	7.29%	7.56%	7.74%
2008-10-08	6.12%	6.93%	7.02%	7.29%	7.47%
2008-10-30	6.03%	6.66%	6.75%	7.02%	7.20%
2008-12-23	4.86%	5.31%	5.40%	5.76%	5.94%
2010-10-20	5.10%	5.56%	5.60%	5.96%	6.14%
2010-12-26	5.35%	5.81%	5.85%	6.22%	6.40%
2011-02-09	5.60%	6.06%	6.10%	6.45%	6.60%
2011-04-06	5.85%	6.31%	6.40%	6.65%	6.80%
2011-07-07	6.10%	6.56%	6.65%	6.90%	7.05%
2012-06-08	5.85%	6.31%	6.40%	6.65%	6.80%
2012-07-06	5.60%	6.00%	6.15%	6.40%	6.55%

附录三：历年民间借贷利率期限结构图

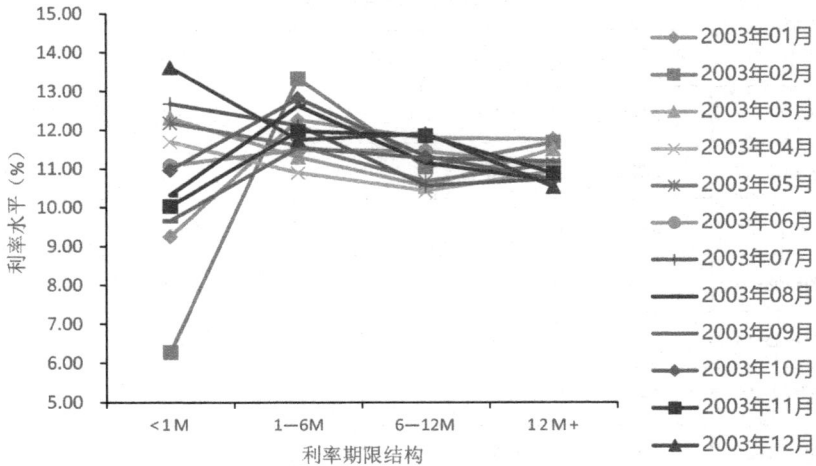

	2003年01月
	2003年02月
	2003年03月
	2003年04月
	2003年05月
	2003年06月
	2003年07月
	2003年08月
	2003年09月
	2003年10月
	2003年11月
	2003年12月

图1　2003 年民间借贷月度利率期限结构图

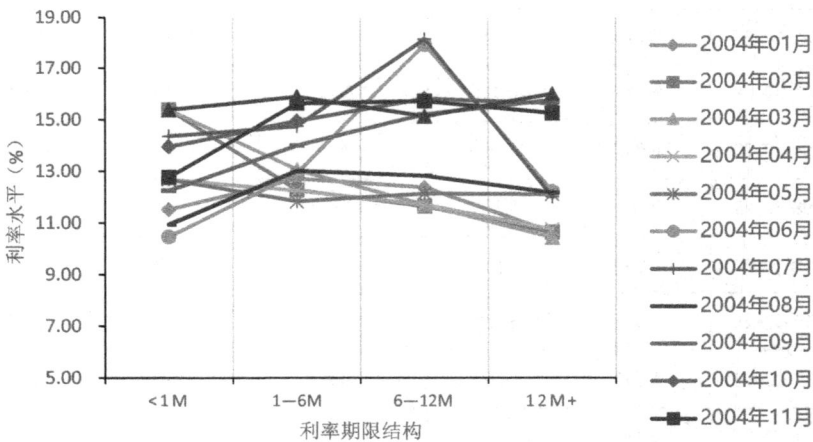

	2004年01月
	2004年02月
	2004年03月
	2004年04月
	2004年05月
	2004年06月
	2004年07月
	2004年08月
	2004年09月
	2004年10月
	2004年11月

图2　2004 年民间借贷月度利率期限结构图

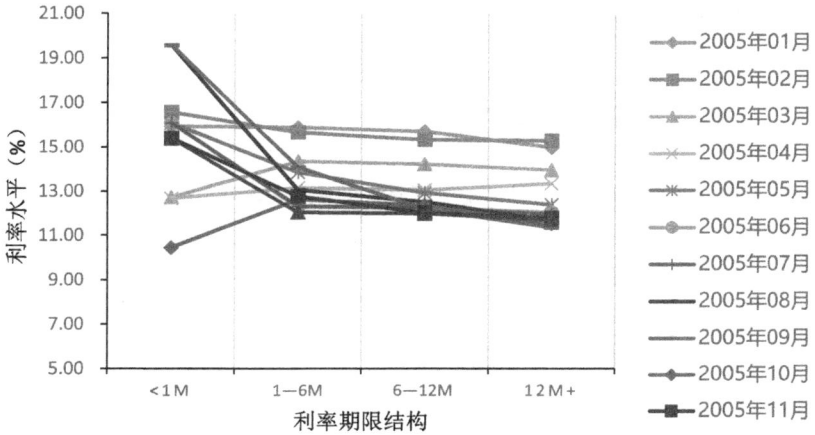

图 3　2005 年民间借贷月度利率期限结构图

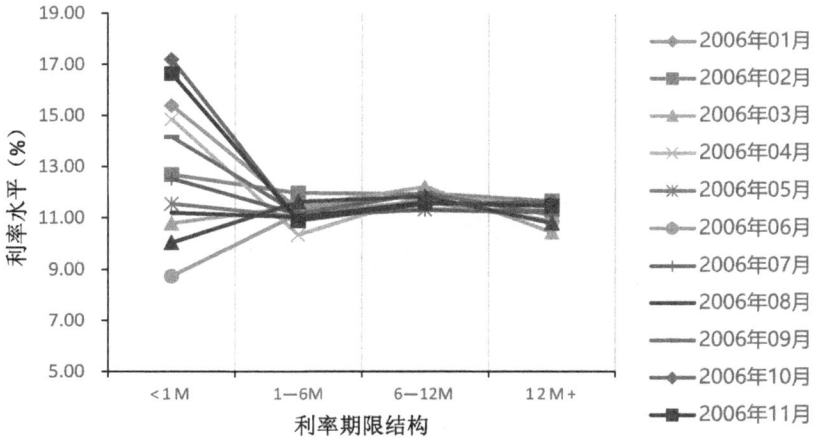

图 4　2006 年民间借贷月度利率期限结构图

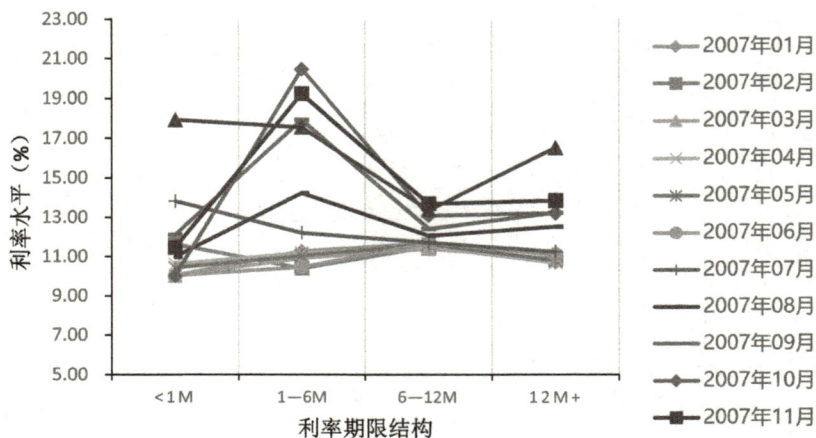

图5　2007年民间借贷月度利率期限结构图

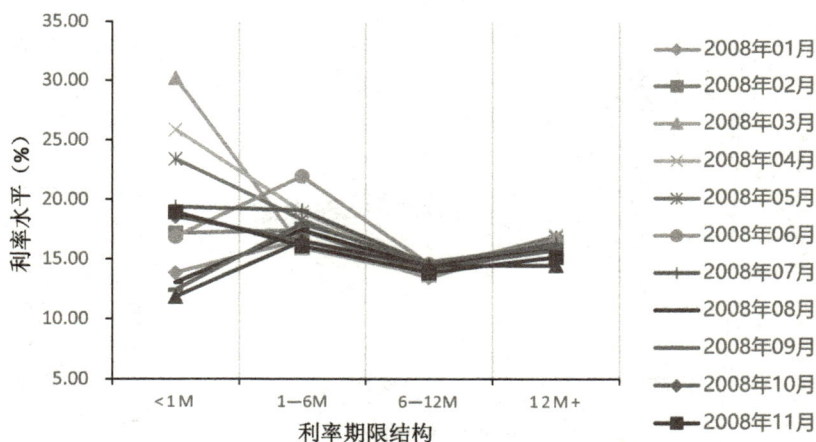

图6　2008年民间借贷月度利率期限结构图

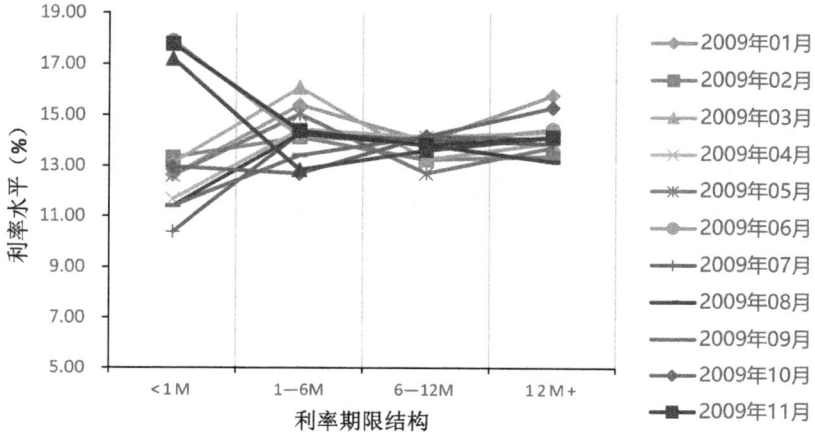

图7　2009年民间借贷月度利率期限结构图

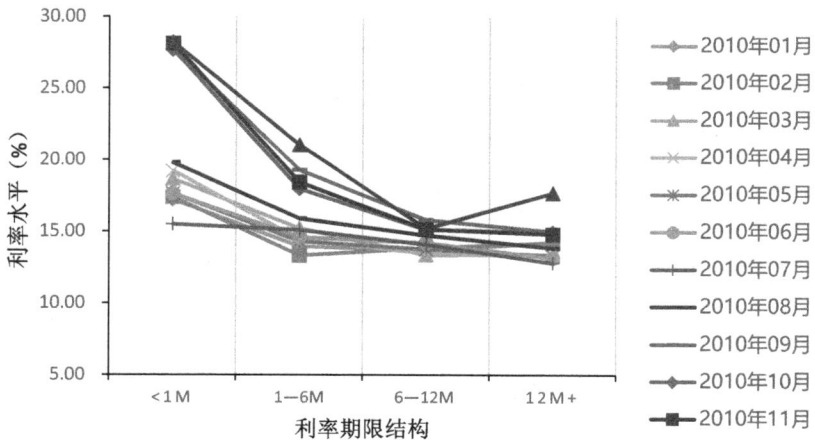

图8　2010年民间借贷月度利率期限结构图

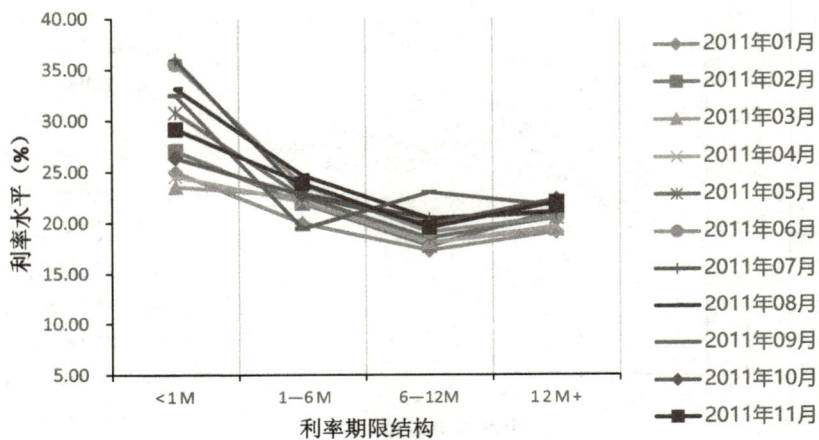

图9 2011年民间借贷月度利率期限结构图